KB245667

6급 공략 실전 모의고사

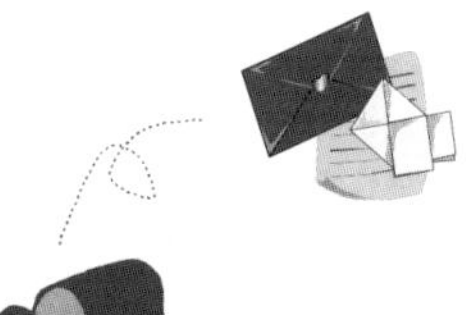

张宁志·陈郁·李明 지음

송산출판사

대표저자 **张宁志**

현 北京语言大学 교수
世界汉语教学学会会员，中国对外汉语教学研究会会员
1995—1998년 삼성인력개발원 중국어 주임교수
저서
교재：《中级汉语会话》，《新汉语口语教程》
사전：《学汉语词典》
논문：《口语教材的语域风格问题》1985年
　　　《浅谈汉语教材难度的确定》1991年
　　　《汉语教师教学归因初探》2006年
　　　《汉语教材语料难度的定量分析》2000年
　　　《几个与纠正病句有关的问题》1986年
　　　《汉民族思维及语言的特点与汉语短期强化教学》2000年
　　　《将揭示语引入对外汉语教学的设想》1992年
　　　《鲁迅小说中的颜色词》1986年
　　　《中国文化的源流》1993年

新 HSK 6급 공략 실전 모의고사 

저　　　자	张宁志·陈郁·李明 지음
발 행 인	윤우상
책임편집	최준명, 윤병호
발 행 일	2010년 8월 19일
초판 3 쇄	2014년 10월 24일
발 행 처	송산출판사
주　　　소	서울특별시 서대문구 홍제4동 104-6
전　　　화	(02)735-6189
팩　　　스	(02)737-2260
홈페이지	www.songsanpub.co.kr
E-mail	songsan1@korea.com
등 록 일	1976년 2월 2일 제9-40호

ISBN 978-89-7780-152-3 13720

前言

新汉语水平考试（HSK）是国家汉办组织中外汉语教学、语言学、心理学和教育测量学等领域的专家，在充分调查、了解海外实际汉语教学情况的基础上，借鉴近年来国际语言测试研究的最新成果，以《国家汉语能力标准》为依据，推出的一项国际汉语能力标准化考试。从2010年起在海外汉语水平的测试均采用由国家汉办主办的新汉语水平考试。

新汉语水平考试相比于旧HSK，有很大变化。新HSK分笔试和口试两部分，笔试和口试是相互独立的。笔试包括HSK（一级）、HSK（二级）、HSK（三级）、HSK（四级）、HSK（五级）和HSK（六级）；口试包括HSK（初级）、HSK（中级）和HSK（高级），口试采用录音形式。

本书以《新汉语水平考试大纲HSK六级》为依据，为参加新汉语水平考试的考生，准备了四套模拟试题。这四套模拟试题基本上涵盖了新汉语水平考试六级的全部语法点和词汇，因此学生只要根据此书认真学习，并根据已掌握的基本知识与技巧加以举一反三、融会贯通的话，在考试中一定会取得理想的成绩。

本书是由北京语言大学教授合作编写的，参加编写的几位教授长期从事对外汉语教学工作，不仅具有丰富的教学经验，另外还编写了很多教材。在编写此书时，为应考需要，准备了多种多样的模拟试题，并在书后附上了答案。最后希望此书对参加新汉语水平考试的朋友们有所帮助。

作者

2010年5月1日于北京

신한어수평고시(HSK)는 국가한반이 중국과 외국의 중국어 교육, 언어학, 심리학과 교육 측정학 등 영역의 전문가를 조직, 해외의 실제 중국어 교육 상황을 충분히 조사하고 이해한 기초를 바탕으로 최근 국제 언어 테스트 연구의 최신 성과를 참고하여, 〈국가한어능력표준〉을 근거로 출시한 국제한어능력표준화 시험이다. 2010년부터 해외에서 한어수평 측정은 모두 국가한반이 주관하는 신한어수평고시로 치뤄진다.

신한어수평고시는 구 HSK에 비해 많은 변화가 있다. 신 HSK는 필기시험과 구술시험으로 나누어진다. 필기시험과 구술시험은 서로 독립되어 있다. 필기시험은 HSK(1급), HSK(2급), HSK(3급), HSK(4급), HSK(5급), HSK(6급)이 포함된다. 그리고 구술시험은 HSK(초급), HSK(중급), HSK(고급)이 포함되며 녹음 형식을 채택한다.

본서는 〈新汉语水平考试大纲HSK六级〉에 근거하여, 신한어수평고시에 참가하는 학생을 위해 4회분의 모의고사가 준비되어 있다. 이 문제들은 한어수평고시6급에 해당되는 문법과 어휘를 모두 포괄하고 있다. 따라서 수험생들은 이 책을 가지고 열심히 공부하고, 이미 배운 기본지식과 기교를 바탕으로 하여, 하나를 들으면 열을 알듯이, 체계적이고 철저하게 이해하면 반드시 이상적인 성적을 얻을 수 있을 것이다.

본서는 北京语言大学교수들이 공저한 것이다. 저서에 참여한 교수들은 모두 오랫동안 중국어 교육에 종사하고 있기 때문에, 중국어를 가르치는 경험이 아주 풍부할 뿐만 아니라, 많은 교재를 편찬하였다. 이 책을 편찬할 때, 시험을 대비하여 다양한 모의고사 문제를 준비하였으며, 부록에 답안도 실어 놓았다. 마지막으로 이 책이 한어수평고시에 응시하는 여러분께 도움이 되길 바란다.

저자
2010년 5월 1일 베이징에서

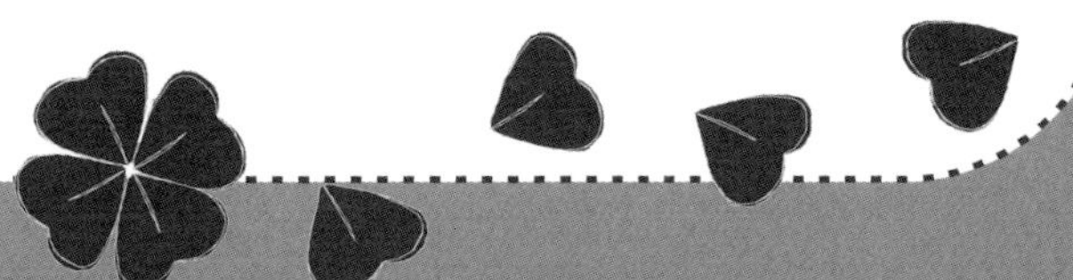

목차

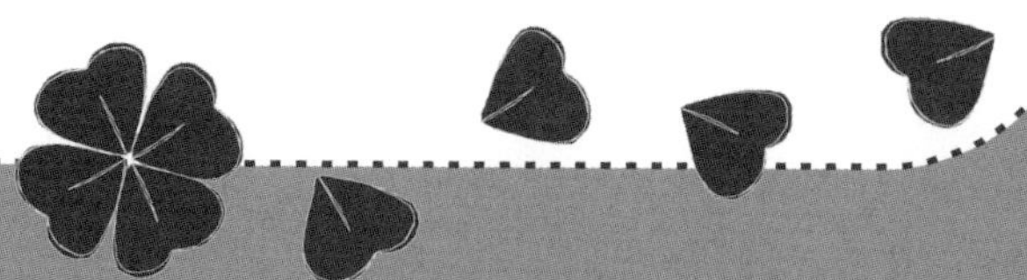

新汉语水平考试（HSK）介绍

为使汉语水平考试（HSK）更好地服务于汉语学习者，中国国家汉办组织中外汉语教学、语言学、心理学和教育测量学等领域的专家，在充分调查、了解海外汉语教学实际情况的基础上，吸收原有HSK的优点，借鉴近年来国际语言测试研究最新成果，推出新汉语水平考试（HSK）。

一、考试结构

新HSK是一项国际汉语能力标准化考试，重点考查汉语非第一语言的考生在生活、学习和工作中运用汉语进行交际的能力。新HSK分笔试和口试两部分，笔试和口试是相互独立的。笔试包括HSK（一级）、HSK（二级）、HSK（三级）、HSK（四级）、HSK（五级）和HSK（六级）；口试包括HSK（初级）、HSK（中级）和HSK（高级），口试采用录音形式。

笔试
HSK（六级）
HSK（五级）
HSK（四级）
HSK（三级）
HSK（二级）
HSK（一级）

口试
HSK（高级）
HSK（中级）
HSK（初级）

二、考试等级

新HSK各等级与《国际汉语能力标准》《欧洲语言共同参考框架（CEF）》的对应关系如下表所示：

新HSK	词汇量	国际汉语能力标准	欧洲语言框架（CEF）
HSK（六级）	5000及以上	五级	C2
HSK（五级）	2500	五级	C1
HSK（四级）	1200	四级	B2
HSK（三级）	600	三级	B1
HSK（二级）	300	二级	A2
HSK（一级）	150	一级	A1

通过HSK（一级）的考生可以理解并使用一些非常简单的汉语词语和句子，满足具体的交际需求，具备进一步学习汉语的能力。

通过HSK（二级）的考生可以用汉语就熟悉的日常话题进行简单而直接的交流，达到初级汉语优等水平。

通过HSK（三级）的考生可以用汉语完成生活、学习、工作等方面的基本交际任务，在中国旅游时，可应对遇到的大部分交际任务。

通过HSK（四级）的考生可以用汉语就较广泛领域的话题进行谈论，比较流利地与汉语为母语者进行交流。

通过HSK（五级）的考生可以阅读汉语报刊杂志，欣赏汉语影视节目，用汉语进行较为完整的演讲。

通过HSK（六级）的考生可以轻松地理解听到或读到的汉语信息，以口头或书面的形式用汉语流利地表达自己的见解。

三、考试原则

新HSK遵循"考教结合"的原则，考试设计与目前国际汉语教学现状、使用教材紧密结合，目的是"以考促教""以考促学"。

新HSK关注评价的客观、准确，更重视发展考生汉语应用能力。

新HSK制定明确的考试目标，便于考生有计划、有成效地提高汉语应用能力。

四、考试用途

新HSK延续原有HSK汉语能力考试的定位，面向成人汉语学习者。其成绩可以满足多元需求：

1．为院校招生、分班授课、课程免修、学分授予提供参考依据。

2．为用人机构录用、培训、晋升工作人员提供参考依据。

3．为汉语学习者了解、提高自己的汉语应用能力提供参考依据。

4．为相关汉语教学单位、培训机构评价教学或培训成效提供参考依据。

五、成绩报告

考试结束后3周内，考生将获得由国家汉办颁发的新HSK成绩报告。

신 한어수평고사(HSK) 소개

한어수평고사(HSK)가 중국어 학습자에게 더 좋은 서비스를 제공하기 위하여 중국 국가한반은 중외 중국어 교육, 언어학, 심리학과 교육 측정학 등 영역의 전문가를 조직하여, 해외의 실제 중국어 교육 상황을 충분히 조사하고 이해한 기초를 바탕으로, 기존 HSK의 장점을 살리고 최근 국제 언어 테스트 연구의 최신 성과를 참고하여 신 한어수평고사 (HSK)를 실시하게 되었다.

1. 시험 구조

신 HSK는 국제 중국어 능력 표준화 수준 시험으로 중국어가 모국어가 아닌 수험생의 생활, 학습과 업무에 중국어를 이용하여 소통하는 능력을 중점 측정한다. 신 HSK는 필기시험과 구술시험으로 나누어져 있으며, 필기시험과 구술시험은 서로 독립되어 있다. 필기시험은 HSK(1급), HSK(2급), HSK(3급), HSK(4급), HSK(5급), HSK(6급)으로 나누어져 있다. 구술시험은 HSK(초급), HSK(중급), HSK(고급)으로 나누어져 있으며, 녹음 형식을 채택한다.

필기시험	구술시험
HSK (6급)	HSK (고급)
HSK (5급)	
HSK (4급)	HSK (중급)
HSK (3급)	
HSK (2급)	HSK (초급)
HSK (1급)	

2. 시험 등급

신 HSK 각 등급과《국제 중국어 능력 표준》,《유럽언어 공동 참고 프레임 (CEF)》의 대응 관계는 아래 표와 같다:

신 HSK	어휘량	국제 중국어 능력 표준	유럽언어 프레임 (CEF)
HSK (6급)	5,000 및 이상	5급	C2
HSK (5급)	2,500		C1
HSK (4급)	1,200	4급	B2
HSK (3급)	600	3급	B1
HSK (2급)	300	2급	A2
HSK (1급)	150	1급	A1

HSK(1급)를 통과한 수험생은 매우 간단한 중국어 단어와 문장을 이해하고 사용할 수 있으며, 구체적인 소통을 할 수 있으므로 진일보한 중국어 학습 능력을 갖추었다.

HSK(2급)를 통과한 수험생은 익숙한 일상 화제에 대해 중국어로 간단하고 직접적인 교류를 할 수 있으며, 초급 중국어 우수 수준에 도달하였다.

HSK(3급)를 통과한 수험생은 중국어로 생활, 학습, 업무 등 방면의 기본 교제 임무를 완성할 수 있으며, 중국에서 여행 시 만나는 대부분의 교제 임무를 대처할 수 있다.

HSK(4급)를 통과한 수험생은 비교적 광범위한 영역의 화제에 대해 중국어로 토론을 진행할 수 있으며, 중국어를 모국어로 하는 사람과 비교적 유창하게 교류를 할 수 있다.

HSK(5급)를 통과한 수험생은 중국어 정기 간행물과 잡지를 읽고 중국어 영화와 TV 프로그램을 감상할 수 있으며, 중국어로 비교적 완전한 연설을 할 수 있다.

HSK(6급)를 통과한 수험생은 중국어 정보를 수월하게 알아듣거나 읽을 수 있으며, 구두 또는 서면 형식으로 유창한 중국어를 이용하여 자신의 견해를 표현할 수 있다.

3. 시험 등급

신 HSK는 "시험과 교육의 결합"의 원칙을 따르고, 시험 설계는 현재 국제 중국어 교육 현황, 교재사용과 긴밀하게 결합하며, 목적은 "시험으로 교육을 촉진하며", "시험으로 학습을 촉진한다"이다.

신 HSK는 평가의 객관성, 정확성을 중시하며 수험생의 중국어 응용 능력의 발전을 더욱 중요시한다.

신 HSK는 명확한 시험 목표를 제정하여, 수험생이 계획적이고 효과적으로 중국어 응용 능력을 향상시키기에 편하도록 한다.

4. 시험 용도

신 HSK는 기존의 HSK 중국어 능력 시험의 객관적인 평가의 연속으로 성인 중국어 학습자를 대상으로 한다. 신 HSK의 성적은 다양한 수요를 만족시킬 수 있다:
  (1) 대학의 학생모집, 분반수업, 과정면제, 학점수여 등을 위해 참고 근거를 제공한다.
  (2) 인재모집 기관의 채용, 양성, 직원의 진급 등에 참고 근거를 제공한다.
  (3) 중국어 학습자가 자신의 중국어 응용 능력을 이해하고 향상시키는데 참고 근거를 제공한다.
  (4) 관련 중국어 교육 부서, 양성 기관의 교육 평가 또는 양성 효과 등에 참고 근거를 제공한다.

5. 성적 보고

시험 종료 후 3주내에 수험생은 국가 한반이 수여한 신 HSK 성적 보고를 획득한다.

HSK（六级）介绍

HSK（六级）考查考生的汉语应用能力，它对应于《国际汉语能力标准》五级，《欧洲语言共同参考框架（CEF）》C2级。通过HSK（六级）的考生可以轻松地理解听到或读到的汉语信息，以口头或书面的形式用汉语流利地表达自己的见解。

一、考试对象

HSK（六级）主要面向掌握 5000及 5000 个以上常用词语的考生。

二、考试内容

HSK(六级)共101题，分听力、阅读、书写三部分。

考试内容		试题数量 （个）		考试时间（分钟）
一、听力	第一部分	15		约 35
	第二部分	15	50	
	第三部分	20		
二、阅读	第一部分	10		45
	第二部分	10	50	
	第三部分	10		
	第四部分	20		
三、书写	作文	1		45
填写答题卡				10分钟
共计	/	101		约 135分钟

全部考试约 140 分钟（含考生填写个人信息时间 5 分钟）。

1．听力

第一部分，共15题。每题听一次。每题播放一小段话，试卷上提供4个选项，考生根据听到的内容选出与其一致的一项。

第二部分，共15题。每题听一次。播放三段采访，每段采访后带5个试题，试卷上每题提供4个选项，考生根据听到的内容选出答案。

第三部分，共20题。每题听一次。播放若干段话，每段话后带几个问题，试卷上每题提供4个选项，考生根据听到的内容选出答案。

2．阅读

第一部分，共10题。每题提供4个句子，要求考生选出有语病的一句 。

第二部分，共10题。每题提供一小段文字，其中有3到5个空格，考生要结合语境，从4个选项中选出最恰当的答案。

第三部分，共10题。提供两篇文字，每篇文字有5个空格，考生要结合语境，从提供的5个句子选项中选出答案。

第四部分，共20题。提供若干篇文字，每篇文字带几个问题，考生要从4个选项中选出答案。

3．书写

考生先要阅读一篇1000字左右的叙事文章，时间为10分钟；然后将这篇文章缩写为一篇400字左右的短文，时间为35分钟。标题自拟。只需复述文章内容，不需加入自己的观点。

三、成绩报告

HSK (六级)成绩报告提供听力、阅读、书写和总分四个分数。总分180分为合格。

	满分	你的分数
听力	100	
阅读	100	
书写	100	
总分	300	

HSK成绩长期有效，作为外国留学生进入中国院校学习的汉语能力的证明，HSK成绩有效期为两年(从考试当日算起)。

HSK（六级） 成绩报告

 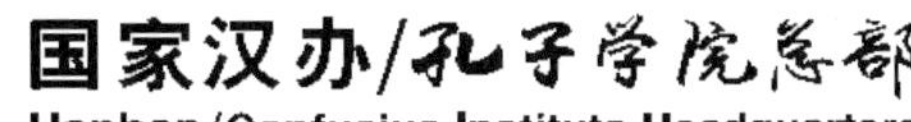
Hanban/Confucius Institute Headquarters

新 汉 语 水 平 考 试
Chinese Proficiency Test

HSK（六级） 成绩报告
HSK (Level 6) Examination Score Report

姓 名 :
Name _______________________________________

性 别 :　　　　　　国 籍 :
Gender ___________　Nationality _________________

考试时间 :　　　　　年　　　　月　　　　日
Examination Date ______　Year ____　Month ____　Day

编 号 :
No. _______________________________________

	满分 (Full Score)	你的分数 (Your Score)
听力 (Listening)	100	
阅读 (Reading)	100	
书写 (Writing)	100	
总分 (Total Score)	300	

总分180分为合格 (Passing Score: 180)

主任
Director _____________________

中国 ・ 北京
Beijing・China

신HSK (6급)소개

HSK(6급)은 수험생의 중국어 응용능력을 테스트하며, 등급은 ≪국제한어능력표준≫ 5급, ≪유럽 언어 공동 참고 프레임 (CEF) ≫ C2급에 해당된다. HSK 6급에 합격한 응시자는 중국어 정보를 듣거나 읽는데 있어 쉽게 이해 할 수 있으며, 중국어로 구두 상 또는 서면 상의 형식으로 자신의 견해를 유창하고 적절하게 전달할 수 있다.

一、시험 대상자

HSK(6급)은 5,000개 또는 5,000개 이상의 상용어휘를 마스터한 학습자를 대상으로 한다.

二、시험 내용

HSK(6급)은 총 101문제이며, 듣기, 독해, 쓰기 3부분으로 나누어져 있다.

시험 내용		시험문제 수 (문항)		시험시간 (분)
一、듣기	제1부분	15		
	제2부분	15	50	약 35분
	제3부분	20		
二、독해	제1부분	10		
	제2부분	10	50	45분
	제3부분	10		
	제4부분	20		
三、쓰기	작문	1		45분
답안지 작성				10분
합계	/	101문항		약 135분

시험 총 시간은 140분이다(수험생 개인정보 입력시간 5분 포함).

1. 듣기

제1부분은 총 15문항이다. 모든 문제는 한 번씩 들려준다. 이 부분의 문제는 한편의 단문으로 구성되어 있다. 응시자는 시험지에 주어진 4개의 선택 항목 중에서 단문 내용과 일치한 것을 고른다.

제2부분은 총 15문항이다. 모든 문제는 한 번씩 들려준다. 이 부분은 3개의 인터뷰(취재 내용)로 구성되며, 각각의 인터뷰에 대해 5개의 질문을 한다. 응시자는 시험지에 주어진 4개의 선택 항목 중에서 정답을 고른다.

제3부분은 총 20문항이다. 모든 문제는 한 번씩 들려준다. 이 부분의 문제는 몇 편의 단문으로 구성되어 있으며, 각각의 내용에 대해 여러 개의 질문을 한다. 응시자는 시험지에 주어진 4개의 선택 항목 중에서 정답을 고른다.

2. 독해

제1부분 총 10문항이다. 모든 문제는 4개의 문장이 제시된다. 응시자는 4개의 문장 중에서 어폐가 있는 하나의 문장을 고른다.

제2부분은 총 10문항이다. 모든 문제는 3-5개의 빈칸이 있는 단문으로 구성되어 있다. 응시자는 앞뒤 문장을 근거로 주어진 선택 항목 4개 중, 빈칸에 들어갈 가장 적합한 답안을 고른다.

제3부분은 총 10문항이다. 모든 문제는 2개의 단문이 제시되며, 각 단문에 5개의 빈칸이 있다. 응시자는 앞뒤 문장을 근거로 주어진 선택 항목 5개 중, 빈칸에 들어갈 가장 적합한 답안을 고른다.

제4부분은 총 20문항이다. 모든 문제는 여러 편의 단문이 제시되며, 각 단문에 여러 개의 질문이 제시된다. 응시자는 주어진 4개의 선택 항목 중에서 정답을 고른다.

3. 쓰기

응시자는 주어진 10분 동안 1000자 정도로 구성된 한 편의 서사문을 읽는다. 다음으로 35분 동안 읽은 내용을 400자 정도로 간략하게 요약한다. 제목은 스스로 알아서 정할 수 있으나 요약 내용은 반드시 원문의 내용을 중복 서술해야 하며, 자신의 관점이 들어가서는 안 된다.

三、성적 통지

HSK(6급) 성적통지는 듣기, 독해, 쓰기와 합계 점수를 제공하며 합계가 180점이면 합격이다.

	만점	당신의 점수
듣기	100	
독해	100	
쓰기	100	
합계	300	

HSK성적은 장기간 유효하다. 외국인 유학생으로 중국의 대학에 진학할 때 중국어능력 증명서로 쓸 경우, 유효기간은 2년이다(시험당일부터 계산한다).

HSK (六级)考试要求及过程

一、 HSK (六级) 考试要求

1．考试前，考生要通过《新汉语水平考试大纲HSK六级》等材料，了解考试形式，熟悉答题方式。
2．参加考试时，考生需要带：身份证件、准考证、2B铅笔、橡皮

二、HSK (六级) 考试过程

1．考试开始时，主考宣布：

大家好！欢迎参加HSK(六级)考试。

2．主考提醒考生：
　(1) 关闭手机。
　(2) 把准考证和身份证件放在桌子的右上方。

3．之后，主考宣布。

现在请大家填写答题卡。

主考示意考生参考准考证，用铅笔填写答题卡上的姓名、国籍、序号、性别、考点、年龄、你是华裔吗、学习汉语的时间等信息。

关于华裔考生的概念，可解释为：父母双方或一方是中国人的考生。

4．之后，主考请监考发试卷。

5．试卷发完后，主考向考生解释试卷封面上的注意内容：

注　　意

一、HSK（六级）分三部分：
　　1．听力（50题，约35分钟）
　　2．阅读（50题，45分钟）
　　3．书写（1题，45分钟）
二、**答案先写在试卷上，最后10分钟再写在答题卡上。**
三、全部考试约140分钟（含考生填写个人信息时间5分钟）。

6．之后，主考宣布：

> 请打开试卷，现在开始听力考试。

主考示意考生把试卷上的密封条打开。

7．主考播放听力录音。

8．听力考试结束后，主考宣布：

> 现在开始阅读考试。考试时间为45分钟。

9．阅读考试还剩5分钟时，主考宣布：

> 阅读考试时间还有5分钟。

10．阅读考试结束后，主考宣布：

> 现在请监考分发书写材料。

11．之后，主考宣布：

> 现在开始书写考试。请先阅读书写材料，时间为10分钟。**阅读时不能抄写、记录。**

12．10分钟后，主考宣布：

> 现在请监考收回书写材料。

13．之后，主考宣布：

> 现在请将阅读材料缩写为一篇400字左右的短文，时间为35分钟。标题自拟。只需复述文章内容，不需要加入自己的观点。**请用铅笔直接把作文写在答题卡上。**

14．书写考试还剩5分钟时，主考宣布：

> 书写考试时间还有5分钟。

１５．书写考试结束后，主考宣布：

现在请把第1到第100题的答案写在答题卡上，时间为10分钟。

１６．10分钟后，主考请监考收回试卷和答题卡。

１７．主考清点试卷和答题卡后宣布：

考试现在结束。谢谢大家！再见。

HSK (6급)시험 요구사항과 과정

一、 HSK (6급)시험 요구 사항

1. 시험 전에 《신한어수평고시 대강 HSK6급》등 자료를 통하여 시험유형을 이해하고 답안지 작성방식을 숙지해야 한다.
2. 시험 시 지참해야 할 것: 신분증, 수험표, 2B연필, 지우개.

二、 HSK (6급)시험 과정

1. 시험을 시작할 때 주임 시험관이 다음과 같이 말한다:

> 여러분 안녕하세요. HSK(6급)에 응시하신 것을 환영합니다.

2. 주임 시험관이 수험생에게 안내말씀을 한다.
(1) 핸드폰을 꺼주세요.
(2) 수험표와 신분증을 책상 우측 상단에 놓으세요.

3. 그리고 나서 주임 시험관이 말한다.

> 지금부터 여러분의 답안지 카드를 작성하십시오.

　주임 시험관은 수험생에게 수험표를 참고하여, 연필로 답안지 카드에 성명, 국적, 수험표번호, 성별, 시험장소, 나이, 당신은 화교입니까, 중국어를 배운 시간 등 정보를 적어 넣도록 한다.
　화교의 개념을 해석하자면 부모 쌍방 혹은 부모 중 한 쪽이 중국인인 수험생을 말함.

4. 그리고 주임 시험관이 시험 감독에게 시험지를 나누어 주도록 한다.

5. 시험지를 다 나누어 준 다음, 주임 시험관이 수험생에게 시험지 표지의 주의사항을 해석해 준다.

주 의

一、HSK(6급)은 세 부분으로 나누어져 있다.
    1. 듣기 (50문제, 약 35분)
    2. 독해 (50문제, 45분)
    3. 쓰기 (1문제, 45분)
二、**답안은 우선 시험지에 적고 마지막 10분 남았을 때 답안지에 옮겨 적는다.**
三、시험 총 시간은 140분이다(수험생 개인정보 입력시간 5분 포함).

6. 그리고 나서 주임 시험관이 말한다:

> 여러분 시험지를 열어 보세요. 지금부터 청취시험을 시작합니다.

  주임 시험관은 수험생에게 시험지를 개봉하도록 안내한다.

7. 주임 시험관이 듣기시험녹음을 틀어준다.

8. 듣기시험이 끝나면 주임 시험관이 말한다:

> 지금부터 독해시험을 시작합니다. 시험시간은 45분입니다.

9. 독해시험 시간이 5분 남았을 때 주임 시험관이 말한다:

> 독해시험이 5분 남았습니다.

10. 독해시험이 끝나면 주임 시험관이 말한다:

> 지금부터 시험 감독님이 쓰기 자료를 여러분께 나누어 드리겠습니다.

11. 그리고 나서 주임 시험관이 말한다:

> 지금부터 쓰기 시험을 시작합니다. 우선 쓰기 자료를 읽어보세요. 주어진 시간은 10분입니다. **읽을 때 베끼거나 기록하면 안 됩니다.**

12. 10분 후 주임 시험관이 말한다:

> 지금부터 시험 감독님이 쓰기 자료를 회수하겠습니다.

13. 그리고 나서 주임 시험관이 말한다:

> 지금부터 읽기 자료를 400자 정도로 간략하게 요약합니다. 주어진 시간은 35분입니다. 제목은 스스로 알아서 정할 수 있으나 요약 내용은 반드시 원문의 내용을 중복 서술해야 하며, 자신의 관점이 들어가서는 안 됩니다. **작문은 바로 답안지에 연필로 작성하십시오.**

14. 쓰기 시험시간이 5분 남았을 때 주임 시험관이 말한다:

> 쓰기시험시간이 5분 남았습니다.

15. 쓰기시험이 끝나면 주임 시험관이 말한다:

> 지금부터 문제 1-100의 답안을 답안지에 옮겨 적으세요. 시간은 10분입니다.

16. 10분 후 주임 시험관은 시험 감독에게 시험지와 답안지를 거두라고 한다.

17. 주임 시험관은 시험지와 답안지를 체크하고 말한다:

> 시험을 여기서 마치겠습니다. 감사합니다.

실전모의시험

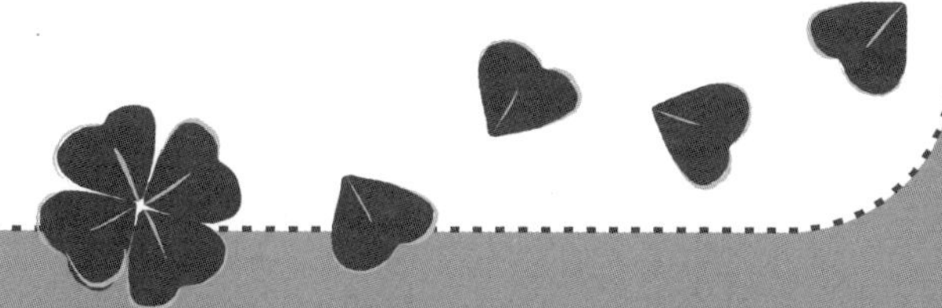

新 汉 语 水 平 考 试 题

HSK（六级）模拟试题（1）

注　　意

一、HSK（六级）分三部分：

　　1．听力（50题，约35分钟)

　　2．阅读（50题，45分钟)

　　3．书写（1题，45分钟）

二、答案先写在试卷上，最后10分钟再写在答题卡上。

三、全部考试约140分钟（含考生填写个人信息时间5分钟）。

一、听 力

第 一 部 分

第1－15题: 请选出与所听内容一致的一项。

1．A 爸爸身体不太好
　　B 爸爸带着儿子去平原玩了
　　C 在山顶上看到的风景非常美
　　D 父子俩在山顶上玩了3小时

2．A 好朋友要患难与共
　　B 好朋友脑子一定要聪明
　　C 好朋友只能分享你的喜悦
　　D 最大的不幸是有患难之交

3．A 妈妈智慧无穷
　　B 儿子喜欢看动画片
　　C 儿子误解了爸爸的话
　　D 一休聪明是因为他没头发

4．A 相声就是说唱
　　B 相声有三大基本功
　　C 相声很受人们的欢迎
　　D 相声与生活没有关系

5．A 30岁的人不过情人节
　　B 网络情人节是传统节日
　　C 30岁以下的人才能过节
　　D 网络情人节是健康的文化

6．A 面子比改过重要
　　B 犯错是可以避免的
　　C 知错就改会赢得尊敬
　　D 人犯了错误之后是无法挽回的

7．A 房奴每月都会买房
　　B 房奴的生活压力很大
　　C 房奴就是买卖房屋的人
　　D 房奴的家庭生活水平比较高

8．A 每月15号是元宵节
　　B 元宵节有跳舞的风俗
　　C 全国各地风俗完全一样
　　D 元宵节是一个重要的传统节日

9．A 朋友的丈夫离家出走了
　　B 朋友和她的丈夫吵架了
　　C 朋友是个很讲卫生的人
　　D 朋友的丈夫总拿家里的东西

10．A 一共有60根团结柱
　　B 每根团结柱都是一样的
　　C 民族团结柱象征民族团结
　　D 团结柱上没有各民族的名称

11．A 孩子们喜欢演奏乐器
　　B 家长对乐器很感兴趣
　　C 父母不应给孩子过多的压力
　　D 现在的孩子拥有更多的自主权

12．A 光的速度不是很快
　　B 人们不能测量光的速度
　　C 光年是生活中常用的长度单位
　　D 光年是天文学上计算距离的
　　　基本单位

13．A 蹦极是一项室内运动
　　B 只有年轻人才可以蹦极
　　C 是非常刺激的娱乐性运动
　　D 蹦极的高度不能高于40米

14．A 中学生学习压力较大
　　B 中学生压力都来自于父母
　　C 四成中学生喜欢玩网络游戏
　　D 四成中学生认为学业压力大

15．A 姜素椿得了"非典"
　　B 姜素椿是一个无私的人
　　C 姜素椿是一个健康的人
　　D 姜素椿找到了治疗"非典"
　　　的方法

第16－30题: 请选出正确答案。

16. A 小孩子需要母亲
    B 人们总是在追求幸福
    C 女性在职场上很难成功
    D 人们追求二者同时完美

17. A 每天和家人交流
    B 抛弃家庭，专心工作
    C 根据现状定几个重要目标
    D 拥有工作和家庭以外的社交圈

18. A 沟通的时间要长
    B 一定要和每个人都沟通
    C 沟通时间不能超过10分钟
    D 沟通的质量比时间的长短更重要

19. A 放弃工作
    B 接受心理治疗
    C 辞职，做专职太太
    D 和朋友谈自己的兴趣

20. A 她们心理素质好
    B 她们生活得更充实
    C 她们可以自己挣钱
    D 她们可以获得不同的成就感

21. A 小状元
    B 小巨人
    C 大长腿
    D 傻大个儿

22. A 他的自尊心不强
    B 体校的人不欺负他
    C 体校的人差不多和他一样高
    D 受他妈妈的影响，比较坚强

23. A 投篮姿势
    B 训练要求
    C 扣篮技术
    D 文化差异

24. A 只是怕受伤
    B 运动员不想扣
    C 运动员顾虑比较多
    D 只是怕扣不进去丢脸

25. A 非常坚强
    B 非常热情
    C 非常慈爱
    D 非常张扬

26. A 传播中国文化
    B 拍更多的电影
    C 放下人生包袱
    D 让更多的人了解他

27. A 稳定的收入
    B 一定的能力
    C 幸福的家庭
    D 健康快乐的精神世界

28． A　36岁时
　　 B　40岁时
　　 C　2007年
　　 D　拍《投名状》时

29． A　恍惚
　　 B　快乐
　　 C　平静
　　 D　担忧

30． A　他为生活费担忧
　　 B　他还会继续拍电影
　　 C　他是一个百万富翁
　　 D　他40岁时开始困惑了

第 三 部 分

第31－50题: 请选出正确答案。

31．A 秋收后用粮食换钱
　　B 寻找埋葬祖先的地方
　　C 每年秋收后翻地找财宝
　　D 把他和财宝埋葬在一起

32．A 找错了地方
　　B 根本没有财宝
　　C 没有按时翻地
　　D 不知道具体地点

33．A 和孩子开个玩笑
　　B 为了秋收时有个好收成
　　C 自己找不到祖先的财宝
　　D 让孩子寻找祖先埋下的财宝

34．A 富人喜欢听歌曲
　　B 为了阻止阿当唱歌
　　C 富人非常喜欢阿当
　　D 阿当经常给富人擦鞋

35．A 富人对阿当很好
　　B 富人欠了阿当很多钱
　　C 富人欠了阿当的爷爷很多钱
　　D 阿当一辈子也赚不了那么多钱

36．A 富人想要回那些金子
　　B 阿当没有地方存放金子
　　C 因为阿当觉得金子太少了
　　D 不唱歌阿当就失去了快乐

37．A 能力比较差
　　B 总是多愁善感
　　C 过多的自我否定
　　D 心理脆弱，受不了刺激

38．A 自卑就是不如别人
　　B 没有办法治疗自卑
　　C 自卑会使人产生猜疑心理
　　D 自卑的人心理承受能力较强

39．A 树立自信心
　　B 不猜疑别人
　　C 经常批评自己
　　D 经常让自己受刺激

40．A 努力跑完一万米
　　B 起跑线是否一样
　　C 最后的冲刺阶段
　　D 开始阶段是否努力

41．A 没有看清终点线
　　B 最后没有力气了
　　C 奔跑的动作不标准
　　D 最后没有尽全力冲刺

42．A 中间
　　B 开始的十分之一
　　C 最后的十分之一
　　D 最后的十分之二

43．A 上帝
    B 客观因素
    C 人们的想法
    D 天气的变化

44．A 学会承受
    B 抱怨诉苦
    C 厌恶社会
    D 意志消沉

45．A 是运气不好
    B 是上帝在考验我
    C 是命运在故意捉弄我
    D 不要把成败得失看得过重

46．A 马上找一个对象结婚
    B 投入一大笔资金买彩票
    C 调整心态，灵找另一出路
    D 多吃食物让身体正常运作

47．A 身体健康
    B 整体健康
    C 心理健康
    D 没有疾病

48．A 食欲减退
    B 精神崩溃
    C 身体素质下降
    D 引起多种身心疾病

49．A 学会自我调节
    B 与家人和睦相处
    C 避免不必要的心理浪费
    D 找出导致心理压力的原因

50．A 避免生闷气
    B 避免浪费时间
    C 避免无端的发怒
    D 避免不停地幻想

二、阅 读

第 一 部 分

第51－60题：请选出有语病的一项。

51． A 昨天我一夜没睡好，一直发烧、咳嗽。

B 许多钢琴大师听了他的演出，都惊叹不已。

C 那时我的妻子在精神上给了我最大、最及时的鼓励。

D 现在无论是北京还是上海，交通问题都越来越严重了。

52． A 虽然重病在身，但他仍然坚持写作。

B 汤姆为这次考察，做了精心的准备。

C 即使任务艰巨，但大家还是设法按时完成了。

D 听说这个公司搞传销骗了很多人，现在老板拿钱跑了。

53． A 他宁愿代人受过，也不愿说出真相。

B 因为家里穷，35岁的王志刚仍是个光棍。

C 他的成功与其说是幸运，可以说是多年努力的结果。

D 现在我们整个工厂都人心惶惶的，即使下了班也都不敢回家。

54． A 更可悲的是这里的小伙子连对象还找不到。

B 以后不要乱吃药，要先上医院看病， 然后再吃药。

C 早期由于人口稀少，人类对环境的影响和破坏不是那么严重。

D 这届博览会，不仅参展的国家多，而且展出的展品种类也非常多。

55． A 老年人总是用老眼光看待现在的年轻人。

B 未来两天西北地区气温将下降到零下12度，并会出现霜冻。

C 如果我们上网，市民会怀疑我们整天上网聊天，不认真工作。

D 我从事相声的经历回顾，酸甜苦辣都有，但苦的、酸的占一多半。

56． A 昆明位于云南省中部，气候湿润，四季如春，有春城之称。

B 最困难的时候，她卖血过，和男人一样去建筑工地抬过砖。

C 这位就是当时发生交通事故时在场的目击者，请你叙述一下当时的情况。

D 现在所说的万里长城通常是指现存的明长城，它西起嘉峪关，东至渤海湾的山海关。

57．A 小孩子一般要长到一岁半时才能认出镜子里自己的形象。

B 彻底转变观念，这就意味着要抛弃落后的旧思想，接受先进的新思想。

C 最近几年中国逐步实现了从资源密集型向劳动密集型、再向技术密集型的转变。

D 人是感情的动物，然而在现实世界中，人们的生活越来越富有，情感却越来越缺
乏。

58．A 刘铁梁说，现代人的精神困惑，很大程度上是源于传统文化的破碎和断裂。

B 朋友，只要你有自信，有理想，有不懈拼搏的精神，那么成功就在你的脚下。

C 人生的乐趣其实不仅仅是得到一个结果，而在为得到这个结果而努力的过程。

D 信守承诺是做人的最基本原则之一，尤其是在名利面前，更能体现出一个人的
品格高低。

59．A 那里生存着许多热带和亚热带的动植物，热带标准动物——大象几乎随处可见。

B 他听了我的歌后，表示愿意与我合作，并答应为我出专辑，但署名权不归我，
而归他。

C 我们总喜欢等待，比如创业时，总是担心时机未到，其实，时机是等不来的，
是创造出来的。

D 我们禁止毁林开荒强调，无非是要保护好我们赖以生存的环境罢了，决不是要
限制农民的生产积极性。

60．A 北京的中关村誉为"中国的硅谷"，这里人才济济，科研实力和成果同美国硅
谷相比，毫不逊色。

B 开刀除了要负担庞大的医药费，而且对于挽救父亲的生命而言，也只有一成的
希望，因此我们决定做化疗。

C 当地的气象学家们早已预测到了这场飓风的登陆时间，但因为一些不便公开的
原因，气象局没有向公众发出警告。

D 1911年辛亥革命后，孙中山被推举为中华民国临时大总统。1940年国民政府
通令全国，尊称其为"中华民国国父"。

第 二 部 分

第61－70题：选词填空。

61. 通常认为牛奶是大自然中最完美的食物，任何人都能从中获取________的营养。然
    而，这种说法是________的。因为牛奶中含有乳酸，喝进去后需要小肠乳糖分解，
    而一些人的体内________这种酶。

A	丰富	片面	缺少	B	丰盛	全面	不足
C	充分	错误	短缺	D	足够	偏见	减少

62. 要想________一定得先付出。________的人，一生只得两斤。没有点________精神，是
    不可能创业的。要先用行动让别人知道，你有超过所得的价值，别人才会开更高
    的价。

A	突出	半斤八两	贡献	B	杰出	斤斤计较	奉献
C	特别	十有八九	服务	D	特殊	无可厚非	牺牲

63. 在求职________中，简历无疑是大学生向用人单位________自己的第一机会，求职简
    历要给人留下深刻印象，要________五个原则：简洁性、真实性、匹配性、针对性
    和严谨性。

A	课程	展览	遵守	B	经过	展览	守约
C	过程	展示	遵循	D	通过	显示	坚守

64. 糖尿病是一种糖、脂、蛋白质代谢紊乱的慢性病，主要表现为人体血液中糖分
    ________居高不下，从而________多饮、多食、多尿、乏力等症状，________不好将引发
    人体循环系统、神经系统等________，进而引发高血压、心脏病等并发症。

A	分量	引来	制止	变化
B	数量	起来	抑制	转化
C	质量	招来	限制	转变
D	含量	引起	控制	病变

65． 为什么进入中国的有些西方货，价格比在原产国还便宜呢？在北京的酒吧，一杯
德国啤酒的价格______比在慕尼黑还便宜。主要的原因是，由于世界上大多数消
费品都______中国，所以每天都有数百万艘集装箱船从世界各地______中国，那
些从中国运出产品的货轮必须将集装箱发回中国，而它们______中国时搭载的货
要少得多，其运费也低很多。因而，中国人能喝到比在德国还便宜的德国啤酒。

A	意外	制造	开船	回来
B	居然	产自	开往	返回
C	可能	加工	到达	回去
D	奇怪	生产	出发	往返

66． 在中国人的日常生活当中，茶是不可缺少的生活必需品之一。俗话说，开门七件
事，______酱醋茶。______茶在中国人生活中占有多么重要的地位。茶水不仅能
提神醒脑、______食物消化，而且还可以起到______防病的作用。

A	衣食住行	知道	推进	健美
B	吃喝玩乐	可以	帮忙	健康
C	柴米油盐	可见	促进	健身
D	酸甜苦辣	看见	进行	健全

67． 青年时代，鲁迅认为只有科学才能使中国______起来，于是他去日本学医。后来
鲁迅认识到一个医生只能医治身上的疾病，却______不了精神上的懦弱。因此为
了______无知的中国人，他弃医从文，走上了文学创作的______。

A	发达	挽回	睡醒	街道
B	强壮	救活	清醒	马路
C	发展	求救	叫醒	大街
D	强大	挽救	唤醒	道路

68. 中国古代四大发明有造纸术、指南针、火药和印刷术。纸的________和推广，使汉
    朝以后的文化生活出现了______的面貌，给中国文化的______提供了物质基础，
    并对世界文化的发展与交流______了积极的促进作用。

A	发明	崭新	繁荣	起到
B	出来	特别	繁华	看到
C	表示	新鲜	光彩	起来
D	创造	最新	发达	引起

69. 如何培养好自己的孩子，如何与自己的孩子________，是每个家庭、每位家长所
    ________关注的问题，也是现今社会________解决的问题。父母在孩子的一生中
    起着举足轻重的作用，因此家长与孩子的沟通______重要。

A	交流	热情	等待	主要
B	沟通	热心	亟待	至关
C	对话	用心	对待	至于
D	谈心	费心	看待	关键

70. 留个缺口给他人，并不______自己没有能力。实际上，这也是一种管理______，是
    一种更高层次上带有全局性的圆满。给猴子一棵树，让它______地攀登；给老虎一
    座山，让它自由纵横。也许，这就是企业管理用人的最高______。

A	说明	智慧	不停	境界
B	表达	理智	继续	界限
C	表现	贤惠	不断	限度
D	出现	智力	一直	境地

第 三 部 分

第71－80题：选词填空。

71－75．

　　诸葛亮生于东汉末年，少年失去父母，跟随叔父辗转迁徙到荆州襄阳（今湖北襄樊市）。在这里，他投师于当地名士水镜先生，(71)＿＿＿＿＿＿＿＿＿＿。

　　一天，水镜先生叫诸葛亮清炖一条鲤鱼，鱼炖好了，接着又叫挑水。诸葛亮在家种过地，所以肩膀很有劲儿，不一会儿就挑着满满一担水回到了厨房。一进门，却见水镜先生正对着一班弟子发脾气。原来，刚炖好的鱼，(72)＿＿＿＿＿＿＿＿＿＿，十几个弟子谁也不肯承认自己偷吃了鱼。诸葛亮眼睛一眨，假装惊慌地扔下水桶，跑到水镜先生面前，大声说道："坏了，坏了，要出人命了！那鲤鱼是用老鼠药炖的，我是用它药死老鼠的呀！"

　　他这么一说，有个弟子顿时变了脸色，"扑通"跪倒，大声喊道："先生救命，先生救命！(73)＿＿＿＿＿＿＿＿＿＿！"

　　水镜先生也以为真的要出人命，急得手心上都捏出了一把汗。他正想吩咐一个弟子去取解毒药，却发现诸葛亮在一旁偷笑。(74)＿＿＿＿＿＿＿＿＿＿：原来这是诸葛亮用的一条计策呀！

　　从此，(75)＿＿＿＿＿＿＿＿＿＿，将平生的本事和学问毫不保留地传授给了他。

　　A　鱼是我偷吃的

　　B　水镜先生恍然大悟

　　C　是水镜先生最得意的弟子

　　D　不知被哪个弟子偷吃了一半

　　E　水镜先生对诸葛亮更加厚爱

76-80.

　　当她猛然发现身边的皮包不见时，吓得直冒冷汗。手提包里的钱和银行卡都在其次，关乎"生命"的是海关进出口手册和关税证明的单据，一旦丢失，将给她所在的报关公司带来巨大的经济损失。她失魂落魄，(76)______________________。

　　阳光一点点离散，她的心也揪得越来越紧。这时候，广场派出所的民警打电话来，说有一个人拾到棕色的皮包。她急忙赶到派出所，的确是她的手提包，她惊喜地叫了起来，可是等她拉开拉链，却傻了眼，(77)______________________。捡到包的人是一个十六七岁的男孩，衣着破旧而脏乱，看样子是个捡破烂的孩子。民警看了看男孩儿说："我怀疑，包是你偷的"，那男孩儿涨红了脸辩解道："包是捡的，不是偷的！"这时，她走上前去，拉过男孩儿的手说："小兄弟，姐姐相信你，即便你只送来空提包，姐也谢谢你。"

　　直到夜幕降临，她也没有找到那些票据。(78)______________________，突然，身后蹿出一个人来，(79)______________________，然后掉头就跑开了。等她从惊恐中回过神来，惊奇地发现，方便袋里竟是让她忧心忡忡的票据。除了现金，一切失而复得，还多了一张字条，上面写着："曾经，我把拾到的包交给失主，却被失主反咬一口，人心险恶，我真后悔把包交还给了他。所以，今天下午当我捡到包时，我就先交上空包，投石问路，倘若你也诬赖我，我就干脆让那些单据从你眼前消失。没想到，你不仅相信我，还紧握了我脏兮兮的手，(80)______________________，谢谢你的信任。噢，对了，忘了告诉你最重要的一句话，我捡到包时里面就没有钱。"

A　包里空空的

B　给了我人世间的温暖

C　往她怀里塞了个方便袋

D　当她心灰意冷地往回走时

E　跌跌撞撞地来到广场派出所报了案

第 四 部 分

第81－100题：请选出正确答案。

81－84.

　　美国和墨西哥两国交界处有几千公里长的边境线，每天都有来自墨西哥的非法越境者进入美国境内。为了阻拦这些偷渡者，美国政府在边境线部署了大量军队，同时美国一些民间组织成立了巡逻队，手持长枪，日夜值勤。

　　正当美国政府军和民间组织在边境忙着阻拦偷渡者时，一个名叫胡佛的美国人却在边境地区竖起了蓝色旗帜，为那些"招恨的非法移民"建了若干个供水站。原来，越境者偷越边境线进入美国国境后，呈现在他们面前的是浩瀚的亚利桑那大沙漠。而一个人要想成功穿越这片大沙漠，至少需要36升饮用水。但偷渡者们在仓皇越境时，根本没有考虑到水的问题，于是，很多人因为淡水准备不足，承受不了高温的煎熬而渴死在沙漠里，虽然有少数一些人靠仙人掌的汁液侥幸存活下来，也会因为极度脱水，而患上肾衰竭等疾病。从20世纪90年代到现在，已经有超过3000名偷渡者渴死在这片沙漠里。为了不让这些越境者渴死在偷渡的路上，胡佛每天都开着装满水的卡车行驶在广袤无边的沙漠中，给每个供水站的大小水桶蓄满水，以备偷渡者的救命之需。

　　胡佛的做法，遭到了很多美国人的谴责，他们认为沙漠里的供水站直接帮助了那些偷渡者，对有此企图的外国人是一种鼓励，更何况这些偷渡者中也许会夹杂着恐怖分子，对美国国家安全会构成威胁。面对这些攻击和责骂，胡佛却很平静，他的回答是："作为一个美国人，我也恨那些偷渡者，我也希望他们能待在自己的国家。但是，恨和尊重是两回事，偷渡者也是人，从人道上讲，我有义务尽自己的力量，来尊重他们活着的权利。"

81.　在美国和墨西哥边境上的巡逻队是一个什么样的组织？

    A　志愿者　　　　　　　　　　　　B　民间团体

    C　政府军队　　　　　　　　　　　　D　联合国的军队

82.　胡佛建供水站是为了：

    A　挣钱　　　　　　　　　　　　　　B　在沙漠里种树

    C　给大家提供饮用水　　　　　　　　D　给偷渡者提供饮用水

83.　从20世纪90年代到现在3000多名偷渡者的死因是：

    A　口渴　　　　　　　　　　　　　　B　饥饿

    C　劳累　　　　　　　　　　　　　　D　疾病

84.　大多数美国人对胡佛的做法持什么态度？

    A　赞同　　　　　　　　　　　　　　B　指责

    C　同情　　　　　　　　　　　　　　D　沉默

85-88.

　　研究生毕业之后，我在市立医院的急诊科工作。作为这个科室的新成员，排值班的时候，我总是**殿后**，特别是圣诞夜的值班非我莫属。晚上九点，救护车送来一位六十多岁的心脏病患者。病人脸色灰白，心跳微弱，正在死亡线上徘徊。我尽自己最大的努力进行抢救，终于，病人的心率恢复了平稳，能够从急救室转入重症监护室了。第二天早晨下班时，我还特意去病房查看了一下病人的情况，这个从死神魔爪中逃脱的人已经睡着了，我悄悄地进去，静静地离开。

　　第二年圣诞夜，还是我值班。这种情况恐怕要持续到科室再来新成员为止。刚刚到九点的时候，保安来告诉我说，有一对老年夫妇正在门厅里等着，说是有话要跟我讲。当我出现在他们面前的时候，那男的说："我姓李，你不记得我了吗？去年圣诞夜，是你救了我的命。"夫妇俩热情地拥抱我，并送给我一件精美的圣诞礼物。那天晚上，我心里暖融融的，他们让我意识到我所从事的工作是多么重要和神圣。

　　第三年，科里来了新成员，我的家人很高兴，这样我就可以在家里过圣诞夜了。可是我想，李先生和李太太可能还会再来，如果他们来了见不到我怎么办？于是我主动要求在第三年圣诞夜值班。果然，九点整，李先生夫妇推门进来了，李太太抱着一个裹得严严实实的婴儿，是他们刚满月的小孙女。我和他们叙家常，李先生说，他以后每年圣诞夜都要来看我，因为他很珍惜这第二次生命。如果哪一年他没有来，那就说明医生给他的额外时光到头了。

　　后来，我在急诊科工作了十年。每到圣诞夜，李先生夫妇总是准时在九点钟的时候，来到我的办公室。全科室的同事都知道了我和李先生一家过圣诞夜的事，都大受感动。

85. 说话人拿到了什么学位？

 A 学士   B 硕士

 C 博士   D 博士后

86. 第一段中划线词语"殿后"的意思是：

 A 迟到   B 最前面

 C 排在最后面   D 宫殿的后面

87. 说话人为什么一直坚持在圣诞夜值班？

 A 不愿意回家   B 因为有加班费

 C 喜欢跟李先生夫妇聊天儿 D 怕李先生夫妇看不到自己会失望

88. 第三年圣诞夜李先生夫妇到医院看望说话人的时候，怀里抱着的孩子是：

 A 他们的女儿   B 他们的孙女

 C 他们的儿子   D 他们的孙子

89－92.

　　凭借充分的准备和逐渐娴熟起来的技巧，我轻而易举地通过了几乎所有大型投资银行的初次面试。进入第二轮面试，常常是应试者同时面对两位考官的提问，一般来说一个扮"好人"，一个扮"恶人"。

　　那天我准时走进约好的房间，一个穿白色衬衫的男士问我："为什么对投资银行感兴趣？是因为钱，还是因为喜欢接受挑战？"他抛出的第一个问题是大多数考生事先都准备好的问题，我想他是这场面试中扮演"好人"的角色。我搬出倒背如流的答案："投资银行可以提供给我一个良好的学习机会，另外，我觉得自己非常适合做这份工作。"

　　"在投资银行工作的确是一次很好的学习机会，但是钱呢？钱不重要吗？"另一位穿黄色衬衫的考官开口了，从他提出的问题中我意识到他是"恶人"。"不能否认，投资银行的薪水是有诱惑力的，但是如果以一周工作五六十个小时来计算，投资银行分析员每小时的薪水又比在麦当劳打工高多少呢？人应该有长远的目标，作为职业生涯中的第一份工作，最重要的不是薪水有多少，而是你学到了什么。"短短几句话，我看着穿黄色衬衫的考官表情阴转多云，又多云转晴。随后他又问了我一个问题："如果你找到一份工作，薪水有两种支付方式：一年12万元，一次性全部都支付给你；同样一年12万元，按月支付，每月1万元。你会怎么选择？"我的心在"怦怦"地跳着，这人怎么不按常理**出牌**啊！思考片刻之后，我说"这取决于现在的实际利率。如果实际利率是正数，我选择第一种；如果是负数，我选择第二种；如果是零，两者一样。"

　　"还不错，考虑得很周全！"淡淡的一句点评后，他并没有就此罢休，"现在银行准备金率是多少？通货膨胀率在什么水平？"这一次我真的被问住了！我老老老实地回答："对不起，我不知道，不过如果需要，我回去查清楚后马上打电话告诉您。"听了我诚实的回答，这位"恶人"露出了满意的笑容，他的表情不再是横眉冷对，提的问题也不那么刁钻古怪了。

　　据说在我的评定书上，这位"恶人"填写的意见是：不惜代价，一定要雇用！

89．说话人参加了几个投资银行的初次面试？

　　A　一个　　　　　　　　　　　　　B　两个
　　C　三个　　　　　　　　　　　　　D　几乎所有大型投资银行

90．本文主要谈论的是：

　　A　投资银行　　　　　　　　　　　B　好人和恶人
　　C　参加第一轮面试时的情况　　　　D　参加第二论面试时的情况

91．那位所谓的"恶人"提出的第一个问题是：

　　A　难道钱不重要吗？　　　　　　　B　你为什么对投资银行感兴趣？
　　C　找工作的时候你首先考虑什么？　D　你觉得你适合做什么样的工作？

92．第3段中划线词语"出牌"的意思主要是指：

　　A　黄牌警告　　　B　回答问题　　　C　按正常的思路提问　D　打扑克牌时将牌打出

93-96.

　　沙子是岩石碎裂之后变成的细小颗粒。白天太阳火辣辣地照射着大地，把石头晒得滚烫；一到夜晚，地面的热量很快散失，气温又骤然下降。石头也和其他东西一样，受热膨胀，遇冷收缩。时间一长，整块的石头就碎裂成小块或一层一层地剥落下来。天长日久，在风和流水的作用下，这些大大小小的石块、岩石碎屑和沙粒从高处滚落下来，被搬运到

低洼的河谷、湖泊和浅海里。这些松软的泥沙沉积物，就是形成沙漠的物质基础。

　　干燥的气候是形成沙漠的主要条件。我国西北内陆地区新疆、内蒙古、甘肃、青海等省区的沙漠地区，在很多年以前曾经是水草丰美的低洼盆地或湖泊，后来由于自然条件改变，气候变得非常干燥，沉积在低洼盆地中的岩石碎屑和泥沙，在风的作用下渐渐地形成了沙漠。

　　多少万年过去了，风的威力显露出来了：原来被石块、岩屑、沙粒铺满的地面上，只剩下大大小小的乱石，有的地方下边的大片石头也裸露出来，成为一片石质的荒漠，人们叫它戈壁。被风吹走的沙粒堆积在戈壁的外围，黄沙铺满大地，沙丘起伏，一望无垠，成为一片沙海，这就是沙漠。由于细小的沙粒和尘土被风带到了更远的地方，而比较粗重的颗粒留在了原地，所以组成大片沙丘的沙粒是非常均匀的。

　　沙丘形成之后并不是固定不变的，在风力的作用下它还在不断地移动。风进沙进，使一些本来不是沙漠的地区被黄沙覆盖，变成了新的沙漠。不少良田和牧场面临着要被沙漠吞没的危险，科学上把这种现象叫做沙漠化。

　　为了限制沙丘的移动，防止沙漠化，人类正在采取各种措施使沙丘固定下来，并设法使沙漠变成良田。治理沙漠的第一步就是建造防风固沙林带，在沙漠中种树种草，让盘结的植物根系把沙层固定下来，阻止沙丘移动。改造沙漠的关键，是要在沙漠地区寻找水源，往沙漠地区引水，是很重要的。只要有了水，沙漠的面貌会很快改变。在沙漠地区水源充足的地方，不是有一片片水草丰盛、麦黄稻香的绿洲吗？治理沙漠、改造沙漠就是要不断地扩大水源，巩固绿洲，扩大绿洲，我们相信人类是会战胜沙漠、征服沙漠的。

93．根据上文，下列哪项正确？
　　A　石头不会碎裂　　　　　　　　　B　石头会碎裂成小块
　　C　石头不会热胀冷缩　　　　　　　D　沙漠地区地势较高

94．形成沙漠的主要原因是：
　　A　高温　　　　　　B　风的威力　　　　C　干燥的气候　　　D　森林的消失

95．关于沙丘，我们可以知道什么？
　　A　会移动　　　　　B　不会移动　　　　C　可以保护良田　　D　可以保护牧场

96．改造沙漠的关键是：
　　A　种树种草　　　　　　　　　　　B　寻找水源
　　C　要有资金　　　　　　　　　　　D　建造防风林

97-100.

　　青春期的变化是循序渐进、缓慢发生的，这样可以使青少年有足够的时间来适应自己身体上的巨大变化。然而，青春期可能会在青少年尚未做好心理准备的时候**悄然来临**，因此家长和老师应该提前对孩子进行相关的教育，让他们为这个时期即将来临的重要阶段做好心理准备。

　　从十一二岁开始，孩子们就开始学习成年人的思维方式。他们已经能够理解抽象的概念，能够进行逻辑思维，能够处理将来和假定情境中的问题。随着心理的发育，青少年会更多地考虑自己的思想和需求，例如，他们会计划怎么用自己的零用钱，会根据自己的喜好去挑选衣服和朋友。这只是一个开始，之后，他们还要为自己选择专业和职业。

　　由于青少年时期经历着不断的变化，所以他们难免会对自身感到茫然。他们的情绪会很激烈而且多变，今天还特别高兴，仿佛任何事情都不在话下，明天就会闷闷不乐，什么事情也不想做，或者烦躁不安、与人争执。青少年刚开始踏入社会，与同龄人相处的时间越来越多，因此，想要获得同龄人的认同、想和同龄人保持一致的愿望会非常强烈。

　　青少年与父母之间的冲突常常是成长中的必经环节。青少年急切地想要实践和成年人一样的生活方式，但在感情上和经济上，他们又不可避免地要依赖父母，这让他们很懊恼。他们或许会认为有必要通过极端的言辞和观点，来证明自己的独立人格。个别青少年还会通过粗暴无礼的言行，来标榜自己特立独行的个性。不过，对大多数青少年来说，在过渡为成年人的过程中，通常不会出现非常严重的问题，特别是当父母能为他们提供较多的自由空间，并给予有力的支持和一定程度的约束时。

97． 第一段中划线词语"悄然来临"的意思是：

 A　突然　 B　缓慢

 C　不知不觉　 D　惊天动地

98． 老师和家长应该怎样帮助孩子度过青春期？

 A　无条件地顺从孩子　 B　给孩子讲有趣的故事

 C　给孩子买有关青春期的书　D　对孩子进行有关青春期的教育

99． 青少年时期情绪会怎么样？

 A　不稳定　 B　比较稳定

 C　容易激动　 D　烦躁不安

100． 上文主要谈论的是：

 A　青春期　 B　青少年

 C　教育孩子的方法　 D　青少年和父母之间的冲突

三、书 写

第101：缩写。

(1) 仔细阅读下面这篇文章，时间为10分钟，阅读时不能抄写、记录。
(2) 10分钟后，监考收回阅读材料，请你将这篇文章缩写成一篇短文，时间为35分钟。
(3) 标题自拟。只需复述文章内容，不需加入自己的观点。
(4) 字数为 400 左右。
(5) 请把作文直接写在答题卡上。

　　往日，爸爸每天早上像一只"标准钟"，总是五点出去锻炼、买菜、买早点，六点回家。可是最近"标准钟"失灵了，他总要到六点半才回家，弄得一家人吃早饭的时间很紧迫。一天，我忍不住问爸爸："为什么回家晚了呢？"爸爸怎么也不肯讲，只是笑眯眯地说："这是个秘密。"

　　我的好奇心驱使我更想挖掘爸爸的秘密。于是，我绞尽脑汁、苦思冥想，终于想出了一条锦囊妙计。计划明天早晨五点起床，待爸爸出门后，偷偷跟踪爸爸，看看爸爸到底在做什么。

　　第二天，我五点起床，以最快的速度准备好。却见爸爸迟迟不走，似乎知道我要跟踪他。他小心翼翼地起床，恐怕吵醒家人，他一手提着菜篮，一手提起裤脚，走出了房门。他环顾四周，确定没人时，才放心地走出家门。我等了几分钟，终于抵挡不住困倦攻击，又"呼呼"地睡起了大觉。起来时，爸爸已经回家了，我对自己说，你真是无能啊！于是，我决定明天四点五十就起床。

　　"丁铃铃"闹铃吵醒了我，我躺在床上假装睡觉，悄悄地看着爸爸的一举一动。爸爸穿好衣服后，从柜子里拿了一个东西就匆匆忙忙地走了。我穿好衣服，蹑手蹑脚走到柜子前，想看看爸爸到底拿了什么东西，这时，忽然听到妈妈的说话声，我吓得赶紧跑出了门。

　　走到门外时，看到爸爸像个长跑运动员似的一路快跑，我也不甘示弱，疯狂地追着爸爸，害怕跟丢了。可老天爷偏偏和我过不去，刚才还好好儿的天，突然下起了滂沱大雨，只见爸爸一伸手，瞬间撑起一把大伞。我居然忘了最重要的一点：爸爸平时常常看天气预报，他是有备而来的。我只好以百米冲刺的速度狂奔回家，可还是未能摆脱"落汤鸡"的命运。

　　第三天，我带齐所有的工具，当然也看了天气预报，天气预报说是晴天。待爸爸出去后，我立即骑上自行车跟踪爸爸。不一会儿，爸爸在一条偏僻的小巷子前停了下来，我也快速刹车。爸爸快步走了进去，又走进一间简陋的屋子。爸爸要干什么？抢劫，不可能，我们家也不缺钱。情况容不得我乱想，我一直盯着那间屋子。

　　几分钟过去了，只见爸爸缓缓地推着轮椅走了出来，轮椅上的人是谁呢？我又跟了上去，爸爸推得很慢，我看了看随身携带的表，五点半了。过了十分钟，爸爸推着轮椅缓缓地上了山，只见爸爸从怀里掏出个东西，我定睛一看，哦，是外婆的老花镜。爸爸要干什么，只见爸爸给轮椅上的人戴上花镜说："妈，戴上就会好多了。"什么！那是奶奶，我明白了，爸爸每天都在陪奶奶，只见爸爸和奶奶不停地说着话。我在脑子里想着关于奶奶的事。五年前，奶奶因病，走不了路。爸爸于心不忍，把奶奶接到我们家，妈妈嫌奶奶两腿走不了路，照顾起来太麻烦，想把奶奶送回老家，可是爸爸死活不依，这样我爸我妈就天天吵，最后吵得都要离婚了，奶奶说："我走，我走，不要离婚了，这关系到琳琳的前途呀！"于是奶奶就走了，之后，就再也没有记忆了。聊到最后，爸爸竟然给奶奶跪下来，说："都怪儿不孝，没能让您享受天伦之乐。"我也走出来给奶奶跪下，爸爸见了我，很吃惊，我对爸爸说："以后，我和您一起陪奶奶……"奶奶听了脸上流下两行热泪。

　　爸爸的秘密最终揭开了，我从中也受到了教育。从此以后，我再也不贪睡了，每天早早起床，当起爸爸的"小尾巴"了。

新 汉 语 水 平 考 试 题

HSK（六级）模拟试题（2）

注　　意

一、HSK（六级）分三部分：

1．听力（50题，约35分钟)

2．阅读（50题，45分钟)

3．书写（1题，45分钟）

二、答案先写在试卷上，最后10分钟再写在答题卡上。

三、全部考试约140分钟（含考生填写个人信息时间5分钟）。

一、听 力

第 一 部 分

第1－15题：请选出与所听内容一致的一项。

1. A 小女孩儿不喜欢他的哥哥
   B 小女孩儿不是妈妈亲生的
   C 小女孩儿非常喜欢看电视
   D 小女孩不认为自己是多余的

2. A 相濡以沫只能形容夫妻
   B 朋友之间不能用这个成语
   C 亲戚之间可以用这个成语
   D 现在很少有人用这个成语

3. A 儿子不想结婚
   B 父亲不希望儿子结婚
   C 母亲不希望儿子结婚
   D 父母非常希望儿子结婚

4. A 健康是第一位的
   B 健康的人比较长寿
   C 有健康就没有一切
   D 有权有势比什么都重要

5. A 有钱才会幸福
   B 幸福是一种感觉
   C 有了钱烦恼会更多
   D 什么都没有才会幸福

6. A 成功者很难拥有自信
   B 自信是成功的必备因素
   C 成功者要有雄厚的资金
   D 人只要有自信就会变漂亮

7. A 每个孩子都应该有记账本
   B 孩子的自立意识越来越差
   C 家长可以支配孩子的压岁钱
   D 家长应该培养孩子的理财意识

8. A 富二代都是寄生虫
   B 富二代学历都很高
   C 富二代都追求时尚
   D 富二代都是80年代出生的

9. A 小兔子认识狼
   B 狼的阴谋得逞了
   C 狼想吃一个女孩儿
   D 兔妈妈识破了狼的诡计

10. A 面条汤可以帮助消化
    B 面条的做法只有一种
    C 各地的面条都是一样的
    D 专家建议最好不吃面条

11. A 左眼负责听觉任务
    B 人的左右眼大小一样
    C 右眼负责主要的视觉任务
    D 右眼视力要比左眼好得多

12. A 喝咖啡能治疗头痛
    B 适当饮用咖啡有好处
    C 喝咖啡会使记忆力减退
    D 上班族必须喝茶或咖啡

13．　A　《吵架公约》是法律
　　　B　《吵架公约》没有意义
　　　C　吵架不会伤害夫妻之间的感情
　　　D　《吵架公约》的内容比较健全

14．　A　全球人口将增加
　　　B　全球手机用户将减少
　　　C　全球大部分人都在用手机
　　　D　全球手机用户将增加10亿

15．　A　喝茶不益于健康
　　　B　饭后一定要喝茶
　　　C　中国茶本来就好喝
　　　D　用好茶招待客人是表示尊敬

第16－30题：请选出正确答案。

16．A 骄傲自大的主持人
　　B 勇往直前的主持人
　　C 不会说谢谢的主持人
　　D 被大众认可的主持人

17．A 机场
　　B 香港
　　C 悉尼
　　D 球场

18．A 没有收入
　　B 不想做新节目
　　C 不知道未来在哪儿
　　D 不喜欢以前的节目

19．A 以前没做过直播
　　B 第一次做主持人
　　C 自己将要去悉尼
　　D 是自己最后一期节目

20．A 写感谢信
　　B 他写的书
　　C 他的美术作品
　　D 他制作的节目

21．A 奥运会的魅力
　　B 如何感受冬奥会
　　C 一定要拿到冠军
　　D 自己有多大把握夺冠

22．A 时间太长了
　　B 得到了一大笔钱
　　C 认为早点退役更好
　　D 实现了自己的价值

23．A 当一名编导
　　B 举行浪漫的婚礼
　　C 成为队医或营养师
　　D 推广花样滑冰运动和当教练

24．A 运动员自己的努力
　　B 国家经济实力的强大
　　C 配备了队医和营养师
　　D 有最好的编导和服装设计师

25．A 要一个孩子
　　B 培养世界冠军
　　C 当一名优秀的教练
　　D 再拿一次世界冠军

26．A 家庭的多元化
　　B 传统家庭在减少
　　C 离婚家庭在增多
　　D 全球家庭复杂化

27．A 互相指责
　　B 遇到矛盾也不解决
　　C 无法达到各自的理想状态
　　D 在家庭里没有自己的地位

28． A 男人不想被女人控制
    B 女人的要求越来越高
    C 时代的影响和长期的积怨
    D 夫妻之间总是发生不愉快

29． A 多生孩子
    B 挣更多的钱
    C 要互相理解和沟通
    D 夫妻之间要互相鼓励

30． A 成品
    B 艺术品
    C 半成品
    D 消费品

第31－50题: 请选出正确答案。

31． A　10元钱和茶叶蛋
　　　B　10元钱和一袋包子
　　　C　茶叶蛋和一袋包子
　　　D　茶叶蛋和10袋包子

32． A　之前的钱是假钱
　　　B　之前的钱太少了
　　　C　之前的钱被别人捡走了
　　　D　之前的钱是一位小伙子的

33． A　被老太婆所感动
　　　B　周围的人很富有
　　　C　他们都认识瞎老头
　　　D　他们都可怜瞎老头

34． A　一条鱼
　　　B　其他鸭子
　　　C　其实什么也没有
　　　D　月亮在水中的倒影

35． A　怕抓到月亮
　　　B　怕被活活饿死
　　　C　怕捉不到鱼被嘲笑
　　　D　怕被别的鸭子抢走

36． A　其他的鸭子没有爱心
　　　B　遇到挫折后要敢于面对
　　　C　鸭子没捉到鱼最后死了
　　　D　遇到阴天就捉不到鱼了

37． A　因为人的泪水充满感情
　　　B　因为其他动物没有泪管
　　　C　因为其他动物不会流泪
　　　D　因为人哭喊的声音特别

38． A　只有人类才会哭泣
　　　B　哭泣和语言是一样的
　　　C　猿类和其他动物也有泪管
　　　D　人类哭泣为的是清洁眼部

39． A　感觉很轻松
　　　B　感觉很沉重
　　　C　感觉很难过
　　　D　感觉很烦恼

40． A　它会使人走下坡路
　　　B　它会使人更加幸福
　　　C　它是美好人生的保障
　　　D　它是每个人所渴望的

41． A　将成为富家子弟
　　　B　将成为百万富翁
　　　C　将拥有失败的人生
　　　D　将拥有成功的人生

42． A　人要学会利用环境
　　　B　富家子弟工作都不努力
　　　C　环境与精神力量没关系
　　　D　贫困家庭的孩子都会成功

43. A 一天
    B 三天
    C 没有提到
    D 数不过来

44. A 昨天的日子太长了
    B 昨天可以预示将来
    C 不知道昨天到底有几天
    D 昨天只代表过去不代表将来

45. A 今日事今日毕
    B 总是怀念过去
    C 算一算今天挣了多少钱
    D 把今天的事情推到明天来做

46. A 奋斗不息的人
    B 抓住机会的人
    C 不断挑战的人
    D 懂得生活的人

47. A 好奇
    B 喜爱探险
    C 寻求刺激
    D 缓解生活压力

48. A 所需经费多
    B 所需时间长
    C 收益小而又枯燥
    D 需要一定的技能

49. A 探险所需的经费不多
    B 年轻人喜欢追求刺激
    C 不受时间和空间限制
    D 可以改变一个人的性格

50. A 回归自然
    B 做一个机器人
    C 生命在于运动
    D 减少生活垃圾

二、阅　读

第 一 部 分

第51－60题：请选出有语病的一项。

51． A 只要做什么事情坚持到底就一定能胜利。

    B 我先给您开一点儿药，吃药后好好休息一天吧。

    C 九年前，他的妻子走山路时不慎摔倒，造成了左腿骨折。

    D 我爱人每次回家晚都有很多理由，什么开会啦、加班啦、会餐啦。

52． A 他昏迷了好几天，今天终于醒过来了。

    B 从学校离我家很远，为了节省往返时间，我每天早上都带饭上学。

    C 一望无际的大沙漠，让你真切地认识到地球正在惩罚人类对它的肆意掠夺。

    D 本届广交会对商品分类和展区设置进行了相应的调整，以提高展会的专业化程度。

53． A 我宁愿在地铁里挤，也不愿意堵在路上。

    B 愚者错失机会，智者善抓机会，成功者创造机会。

    C 对中国人来说，如何将意大利面条煮到恰到好处，是一件很难的事情。

    D 这个绿宝石戒指，在我家已经好几代传了，祖母传给了母亲，母亲传给了我。

54． A 扶老携幼的行为在我们身边随处可见。

    B 在谈判时，买方的还价和卖方的报价之间往往有相当大的差距。

    C 他放弃了学业，放弃了曾经美好的理想，可他始终没有抛弃希望。

    D 有些人常常眼高手低，什么事也不屑去做，终有一天会发现自己一事无成。

55． A 尊重别人的人，同样会受到别人的尊重。

    B 中国西北地区将先后出现大风降温和大范围降雪天气。

    C 这次访问虽然是走马观花，但我在中国耳闻目睹的许多事情是终生难忘的。

    D 张骞出使西域，不仅沟通了西汉王朝与西域各族的关系进一步，还开通了丝绸之路。

56． A 我们应该多欣赏他人的长处，计较少他人的短处。

    B 去年冬天我被迫下岗，无奈只好到报刊投递公司做投递员。

    C 登上山顶后，山峦清晰可见，白云却在我们的脚下，人如同在雾里一般。

    D 明代医学家李时珍编著的《本草纲目》，是中国医学宝库中的一份珍贵遗产。

57．　A　所谓“信用”，是指能够履行自己的承诺，从而取得的信任。

　　　B　中国的经济建设成就和发展蓝图，向世界展示出无限的商机。

　　　C　现在，人们常用“天方夜谭”来形容不可思议的新奇故事或根本不存在的事。

　　　D　小篆是秦始皇统一六国之后，秦代通用的标准文字，相传是秦国丞相李斯所创。

58．　A　中国地域辽阔，经济发展不一样，东南部地区比较发达，而中西部地区相对比较落后。

　　　B　日前有媒体报道，因全球气候变暖，珠江三角洲地区沿海的海平面到2030年可能会上升30厘米。

　　　C　现代商场中，到处都能看到商品促销的广告大战，争夺中央电视台黄金时段的广告播放权，尤其激烈。

　　　D　城最早是指四面围以墙，用来扼守交通要塞，具有防御作用的军事据点；市最早是指人们进行商业活动的场所。

59．　A　常言道“得人心者得天下”，怎样才能得人心？就是要知道别人心里想要什么并予以满足。

　　　B　学习任何东西时，如果能找到有经验的人来教你的话，可以很多冤枉路少走，节省很多时间。

　　　C　日本人对机器人的研究，在全世界都是领先的，因此在世界机器人大赛中每次拿到好成绩的大多数都是日本人。

　　　D　许多中国人都有喝茶的习惯，家里来了客人，主人一般都要先给客人沏一杯茶，然后陪客人一边喝茶，一边聊天。

60．　A　第一批传真机是在20世纪20年代出现的，但当时它们的体积很大，而且传送速度极慢。

　　　B　在世界环境保护研讨会上，各国专家济济一堂，就保护环境问题进行了深入的探讨和研究。

　　　C　我认为，在我们的生命中，每一件物品都令人拥有一份回忆，还是苦涩还是甜蜜，但都是珍贵的。

　　　D　公司招聘人才本是一件非常严肃的事情，但考官们有时会别出心裁，用一些幽默、机智的方法，让应试者原形毕露。

第 二 部 分

第61－70题：选词填空。

61. 四合院是由正房（一般是北房）、东西厢房和南房＿＿＿＿＿＿的一个独立的院落，正
房旁＿＿＿＿＿还有东西耳房，此外还有抄手游廊将四面的房子＿＿＿＿＿起来，看上去非
常漂亮。

	A 构成	时时	联系	B 组成	有时	连接
	C 形成	不时	联络	D 结构	时候	继续

62. 从你来到这个世界到＿＿＿＿＿这个世界，有一样东西，是你＿＿＿＿＿经历了多少艰难险
阻，都是不可缺少的，这就是责任，责任就像大海，它既能承载着你，自然也能
＿＿＿＿＿你。

	A 分别	既然	弄死	B 分手	即使	失败
	C 分开	尽管	毁灭	D 离开	无论	淹没

63. 对于我们来说，时间就是有限的生命，要想给这有限的生命＿＿＿＿＿＿光彩，就得做
更多＿＿＿＿＿的事，但如果你整天想着明天再做、后天再做，那么时间会＿＿＿＿离你远
去。

	A 增添	有益	渐渐	B 增加	有利	逐渐
	C 出来	有趣	马上	D 存在	有用	消失

64. 治病不能单纯依靠药物，人体最好的"医生"是免疫＿＿＿＿＿。人体内有60亿兆个细
胞，每天＿＿＿＿＿7000个、死亡7000个为正常，假若死亡之数大于生成之数，人体
将走向＿＿＿＿＿，所以说要长寿，就要给予细胞充足的营养，＿＿＿＿好免疫系统。

	A 问题	形成	死亡	调理
	B 体系	出来	老化	调制
	C 关系	出生	灭亡	整理
	D 系统	生成	衰老	调整

65． 每个人都会有一些＿＿＿，但因为怕痛，不愿意去触碰它们，所以宁愿选择＿＿＿，
    这样做的结果，使我们慢慢失去自信，失去＿＿＿精神。长此以往，令我们＿＿＿，
    令我们无力去做我们喜欢做的工作和事情。

A	泪痕	避开	开始	手忙脚乱
B	伤痕	无视	开展	不知所措
C	伤痛	回避	开拓	无所适从
D	裂痕	忽视	发展	忐忑不安

66． 礼仪是 ＿＿＿的东西。它既是人类交际所不可缺少的，却又是不可过于＿＿＿的。
    如果把礼仪形式看得高于＿＿＿，就会失去人与人之间的真诚信任。因此在语言交
    际中要掌握好＿＿＿，使之既直爽又不失礼，这是最难又是最好的。

A	微妙	计较	一切	分寸
B	神秘	讲究	所有	尺寸
C	细微	追究	全部	限度
D	美丽	重视	全体	程度

67． 东汉时期著名的史学家班固撰写的《汉书》，＿＿＿着传统史学的确立。本书通
    过大量的考证和＿＿＿，系统地论述了班固所处的时代＿＿＿，深入地探讨了反对
    ＿＿＿的政治思想和重视改革、重视人才的治国思想。

A	标准	解释	情景	崇洋媚外
B	标志	分析	背景	崇古非今
C	表示	说明	历史	古为今用
D	达到	论述	特色	排忧解难

68． 秦王朝建立之前，六国货币＿＿＿各异。秦统一中国后，＿＿＿各国原有的货币，
    ＿＿＿"半两"圆钱为通行全国的法定货币。从此这种外圆内方的钱币形式，在
    中国＿＿＿了两千多年。

A	情况	解除	利用	保证
B	形式	终止	使用	继续
C	状态	结束	录用	维持
D	形态	废除	采用	延续

69． 近年来，______生活节奏的加快和网络的出现，人们用来读书的时间越来越少，
读书在很多年轻人眼里成了特定时期，为了换取文凭所______的手段，成了一种
非常功利的手段，甚至很多人在毕业之后，宁愿选择终日在无聊的游戏和电视中
______时光也不再去碰一本书。特别是在大学生就业难成为社会普遍现象之后，
读书无用论的______在很多地方再度抬头。

A	接着	采纳	送去	想法
B	跟着	利用	消遣	看法
C	随着	采取	消磨	说法
D	看着	进行	度过	方法

70． 其实世上有许多人，由于发现了工作中的______，总会表现出与______不一样的狂
热，让人难以______。许多人在笑话这些埋头工作的人是疯子的时候，说不定埋
头工作的人还会说他们才是______呢。

A	兴趣	路人	了解	才子
B	乐趣	常人	理解	傻子
C	爱好	大众	明白	弟子
D	好处	百姓	认识	影子

第71－80题：选词填空。

71－75.

　　东汉末年，朝廷腐败，天下大乱。乱世中，江南出了一位名叫孙坚的英雄。

　　孙坚从小机智勇敢。他十七岁那年，有一次跟父亲乘坐一条客船前往钱塘，不料船到钱塘江口，(71)＿＿＿＿＿＿＿＿＿＿＿＿。他们气势汹汹地跳上客船，不由分说，就抢走了乘客的财物。洗劫一空后，又在岸边吵吵嚷嚷地分赃，船上的乘客一个个吓得心惊胆战，(72)＿＿＿＿＿＿＿＿＿＿＿＿。

　　这时，孙坚忍不住了，他怒火满腔地对父亲说："这伙海盗看上去很可怕，不过，他们没什么了不起的，(73)＿＿＿＿＿＿＿＿＿＿＿＿。"父亲一听，连连摇头："你一个小孩子家哪是他们的对手？"孙坚胸有成竹地回答："放心吧，我自有妙计。"说着，就提起一把铮亮的大刀上了岸。他站在一座高高的礁石上，扬起手臂，指东画西，做出一副指挥人马、部署兵力的样子。(74)＿＿＿＿＿＿＿＿＿＿＿＿，以为是官兵大队人马来追捕了，慌忙丢下财物，四处逃命。孙坚乘机追赶，挥刀砍死了一个海盗。(75)＿＿＿＿＿＿＿＿＿＿＿＿，又惊又喜。从此，少年孙坚的事迹就传扬开了。

A　躲在舱里不敢露面

B　忽然遇上了一伙海盗

C　你看我怎么去收拾他们

D　父亲看到儿子这样勇敢

E　海盗们远远望见他神气活现的身影

76-80.

我住的小区里，有个向阳的车库，足有二十多平方米，小区的物业把这个车库租给了一个进城蹬三轮车的民工。

民工早出晚归，住了些日子，就把乡下的老婆也接来了。没多久，(76)______________。

有一天，小区楼下鞭炮噼噼啪啪响个不停，我下楼凑热闹，(77)______________，原来民工夫妻俩在此开了家便利店，卖些日用百货。看来，这对民工夫妇要在此长久生活下去了。便利店开张至今，形成了固定的销售群，(78)______________。民工早已不再蹬三轮车，他成了小区里最忙的人，谁家没煤气，叫一声，他会扛上楼并给安装好，收的辛苦费才三五元。

民工每天在小区里忙得像一只旋转的陀螺，虽然身陷在穿西装、打领带、上班开名车的人中，可男人毫不自卑，依然兴高采烈地扛着煤气罐上下楼，或清洗油烟机；民工的妻子也是一门心思经营着不大的便利店。午后，小区里的女人们闲了下来，(79)______________，无人来店里买东西时，民工的妻子也会过去凑热闹，但她从未羡慕过她们的生活而埋怨自家的男人，(80)______________。

后来，那对民工夫妇不但买下了他们住的车库，还在小区里买了一套房子，还把孩子接进城里上学。乍一听起来，不可思议，可细一想，像他们那样吃苦耐劳、精打细算的人，日子过得不好才怪呢！

  A 本来冷冷清清的车库便有了家的模样

  B 才发现鞭炮声是从民工家门口传来的

  C 她们就聚在便利店门前打起麻将或玩起牌

  D 她觉得男人这么卖力养家糊口已是幸福至极

  E 他们的微笑和真诚一直赢得人们光顾他们的小店

第 四 部 分

第81－100题：请选出正确答案。

81－84.

　　垃圾桶，看上去很普通，但在生活中又是不可缺少的。我家的垃圾桶，每天都由我来处理，习以为常，我也不觉得那是一件费心的事。

　　每台电脑上都有一个回收站，也叫垃圾桶，它有何用呢？它是用来回收"垃圾"的，这些垃圾文件占用了电脑的大量空间，使电脑的内存变小了，从而降低了电脑的运行速度。如果回收站满了也可以像我们家的垃圾桶一样，将垃圾倒掉——清空垃圾桶，就会使电脑的运行速度变快一些。

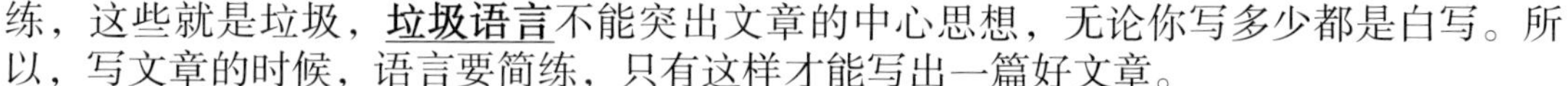

　　写文章也要如此，该写的写，不该写的不要写。该写的，应该写得具体、详细，把事情的来龙去脉一五一十地讲清楚，因为它对文章中心思想的表达起着重要的作用。而不应该写的，就不要写，因为那是废话，不要为了把文章写得长一点，就像记流水账一样，把不该写的都写进去，啰哩啰嗦的，语言一点儿也不简练，这些就是垃圾，<u>垃圾语言</u>不能突出文章的中心思想，无论你写多少都是白写。所以，写文章的时候，语言要简练，只有这样才能写出一篇好文章。

　　不但写文章要如此，做人更要如此。一个伟人，他平时做的善事一件件积累起来，便成了善行。而一个坏人，他平时做了很多坏事，把那些坏事一件件积累起来，便成了恶习，最后坑害人民和社会，只能在监狱里忏悔。一个人应该多做善事，不断删除身上的恶习，这样就能逐渐成为一个十全十美的人。每一个人都有一个人生的垃圾桶，你垃圾桶里的垃圾越多，说明你的坏习惯越少；当然，还要有一个人生的"银行"，这个"银行"里存放着你做过的善事，这些善事会让你一步步地接近完美。

81. 每台电脑上的回收站是用来做什么的？

　　A 装垃圾　　　　　　　　　　　B 装垃圾文件

　　C 杀电脑病毒　　　　　　　　　D 提高电脑的运行速度

82. 第3段中"垃圾语言"的意思是：

　　A 应该扔的　　　　　　　　　　B 简练的语言

　　C 没有用的废话　　　　　　　　D 不太健康的语言

83. 怎样才能成为完美的人？

　　A 要谦虚　　　　　　　　　　　B 不断学习

　　C 经常反省自己　　　　　　　　D 多做好事，并改掉恶习

84. 根据上文，人生的"银行"里存放着：

　　A 钱　　　　　　B 善事　　　　　　C 恶习　　　　　　D 善心

85-88.

　　曾经有一个男人想为自己寻找幸福。他生意做得很大，赚到了很多钱，但他工作太拼命了，因此觉得很累很辛苦，根本没有幸福的感觉。于是，他开始经常和有钱的朋友聚会，希望从中得到快乐和幸福。然而，他很快发现热闹过后非常空虚、无聊。他跟一个在他看来具备了所有优点、会使自己幸福的女人结了婚。婚后他发现，成为他妻子的这个女人跟他一样，也在寻找一个能给她幸福的人，他们两个人只想得到幸福，却不想付出。当孩子出世的时候，这个男人认为，这个新生命至少会给自己带来幸福，但孩子需要时间、耐心和照顾，而他总是忙着做生意，无暇照料孩子。于是，他再次发现自己不仅不幸福，反而多了一份责任。他认为，只有在不承担任何责任的情况下才会真正感到幸福，因此他放弃了自己的生意，离开了朋友、妻子和孩子，跑到一个地方过起了清闲的田园式生活。

　　这个故事还没有完，令人难以置信的是，清闲的田园生活也没有给这个男人带来幸福。他又继续寻找，甚至打算开拓新的事业、结交新的朋友和建立新的家庭，尽管看起来这些事情在他以前的生活中给他带来了不少麻烦。

　　看来，我们这个故事的主角可能永远都不知道幸福的根基在哪里，他没有认识到每一个人就是一口藏着幸福甘泉的水井，需要用抽水机把它抽取上来，灌注在他人身上，才能结出幸福的果实。我们也许还记得这样一句至理名言："当你把快乐与他人分享的时候，你就会得到双倍的快乐；当你把忧愁告诉别人的时候，你的忧愁就会减半。"

85．这个男人为什么感到不幸福？
    A　没有钱　　　　　　　　　　　　B　没有孩子
    C　不懂得幸福的真正含义　　　　　D　他的孩子和爱人都离开了他

86．这个男人的妻子：
    A　觉得无聊、空虚　　　　　　　　B　是一个很知足的人
    C　是一个非常理智的人　　　　　　D　想寻找一个能给她幸福的人

87．这个男人觉得幸福：
    A　是一时的　　　　　　　　　　　B　是一时的感觉
    C　就是拥有一切　　　　　　　　　D　不应该承担任何责任

88．这个男人放弃了事业、离开家以后：
    A　躲到了庙里　　　　　　　　　　B　躲到了山里
    C　一个人过起了田园生活　　　　　D　独自一人到国外去生活了

89-92.

　　毕业之后，同学们都参加了工作，她却把自己锁在家里，没日没夜地啃那厚厚的司法考试资料。第一年没成功，她有些沮丧；第二年又失败了，她有些气馁了；她一再安慰自己，明年一定能取胜。第三年、第四年，连续的打击让她不禁心灰意冷。看着父母日益苍老的背影，她心里感到非常内疚，但她的父母却笑着对她说，孩子，没关系，下次再来。为了父母，她鼓起勇气又试了一年，然而，她又是名落孙山。

　　得知成绩的那一刻，她想到了死。3月4日下午2点36分，她在"法专在线"的社区论坛上发了名为《爸爸妈妈请你们原谅》的帖子：连续五年参加司法考试都失败了，我付出的太多了，我已经筋疲力尽了……我辜负了父母的期望。

　　很多人意识到这是一个"**绝笔帖**"，他们纷纷在后面跟帖，劝她不要做傻事，**要坚强**，要多为父母考虑。网友的留言她都看到了，她还看到了论坛板主多次发来试图跟她联系的信息。她脑袋中想的却是，如果活下去，势必拖累父母更久，他们早就到该享福的年纪啦。于是她又一次发帖：谢谢你们，我已经决定了。之后，她摸了摸口袋里的安眠药。她想找个安静的地方，但她起不了身——善良的网友们不断地发信息、跟帖，他们对她的鼓励、关爱和理解，仿佛磁铁一样牢牢吸住了她那颗绝望的心。

　　她不知道，虚拟世界外，一场拯救行动也在悄悄地进行着。管理员发现她的IP地址在温州，便立即打电话给温州110；同时向温州市长热线发出求助信息。晚上7点多，当警察找到她上网的地方时，她却于几分钟前离开了，因为她上网的那个网吧要关门，她不得不换了地方。短时间内，跟帖上百条，阅读人数两千多人。看着仍然不断增加的帖子，她禁不住泪流满面，为她愚蠢的想法，更为无数善良的人们。

　　3月5日零点11分，她又一次发帖：请允许我满含泪水地回来……我已经把准备好的安眠药扔到河里了……发完帖子，她想，活着真好，她再也不会试图去做那样的傻事了。

　　现在，偶尔她还会想起那天的经历，想起那些善良的人们为她所做的一切，她的心里久久不能平静。

89．她参加了什么考试？

　　A　晋级考试　　　　　　　　　　B　司法考试

　　C　大学考试　　　　　　　　　　D　出国留学考试

90．第3段中划线词语"绝笔贴"的意思是：

　　A　要绝交的信　　　　　　　　　B　要自杀的帖子

　　C　很无聊的帖子　　　　　　　　D　宣布要绝笔的帖子

91．她想要自杀的原因是：

　　A　怕拖累父母　　B　因为失恋了　　C　觉得没脸见人　　D　觉得活着没意思

92．是什么驱使她扔掉了安眠药？

　　A　她怕死　　B　想到了她的父母　　C　因为警察和管理员　　D　被关心她的人所感动

93-96.

　　珊瑚虫生活在温暖的海洋里，拥挤固着在岩礁上。珊瑚的形状美丽多姿：有像鹿角的鹿角珊瑚；有像喇叭的筒状珊瑚；有像蘑菇的石芝珊瑚等等，真是五花八门。新生的珊瑚就在死去的珊瑚骨骼上生长，活珊瑚虫死去了，新的又不断生长，日积月累，死珊瑚虫的石灰质骨骼便形成了珊瑚礁、珊瑚岛。

　　在正常水温下，虫黄藻总是与珊瑚虫共生，给珊瑚礁染上金色、红色或黄色的光彩，同时给珊瑚提供养料。气象学家告诉我们，1990年是世界有纪录以来最热的一年，炎热的气候造成海水温度过高，大量的珊瑚礁发育不良，有的甚至萎缩死亡。水温升高会使虫黄藻消失，珊瑚停止生长，时间一长，珊瑚躯干上出现白色斑点，这种现象被称为珊瑚礁的"白化"。几个星期之后，珊瑚虫就会死去，珊瑚礁呈现出累累白骨。

　　在海洋里喜欢吃珊瑚虫的动物也很多，它们中既有无脊椎动物如长棘海星，又有许多鱼类如鹦鹉鱼、扁背鲀等等。长棘海星属于棘皮动物，它们吃珊瑚虫的方法很独特。首先把珊瑚裹住，然后翻出胃来把一个个珊瑚虫吃掉，最后仅剩下骨骼。此外，鹦鹉鱼、扁背鲀也是珊瑚的天敌。它们用坚硬的牙齿啃咬珊瑚枝，并用咽齿把珊瑚压碎，吞进肚里，珊瑚虫及虫黄藻被吸收，不能消化的珊瑚碎渣被排出体外。

　　一个珊瑚群体是一个老少珊瑚虫云集的定型结构，五彩缤纷的珊瑚丛形态俊美，恰似海洋中盛开的花朵。珊瑚在海洋里之所以呈现五彩缤纷的色彩，是由于珊瑚虫及与其共生的海藻含有色素所致。然而，人们通常所看到的那些洁白如玉的珊瑚，则是珊瑚虫死后经人工浸泡冲刷而成的珊瑚骨骼。美丽的珊瑚成为人们爱不释手的观赏品和装饰品。

93．珊瑚礁、珊瑚岛是由什么形成的？

A　钙质　　　　　　　　　　　　B　珊瑚骨骼

C　活珊瑚虫　　　　　　　　　　D　死珊瑚虫的石灰质骨骼

94．给珊瑚提供养料的是：

A　海水　　　　　B　海鱼　　　　　C　虫黄藻　　　　　D　死珊瑚虫

95．为什么会产生珊瑚礁的"白化"现象？

A　水温升高　　　　　　　　　　B　白色斑点

C　珊瑚礁的萎缩　　　　　　　　D　珊瑚礁发育不良

96．喜欢吃珊瑚虫的动物是：

A　长棘海星　　　　　　　　　　B　无脊椎动物

C　鹦鹉鱼、扁背鲀　　　　　　　D　无脊椎动物和许多鱼类

97-100.

　　中国人喜欢在人前显摆阔气，聚在一起总要扯张家长李家短，有一类人则无须别人提起，主动显摆，出口常常是"我叔叔是朝廷一品要员，我舅舅腰缠万贯"之类，神情牛气得很。

　　没有阔亲戚的人看得眼热，听得心动，暗暗地下决心，一定要攀上权贵之家。这几年有人"**研究**"出自己是苏东坡、柳下惠、成吉思汗……的后人。

　　从表面上看，中国人攀阔亲戚只是徒慕虚荣，毕竟国人把面子看得比天大，即使现在穷困潦倒，也要拉个有头有脸、有名有利、有权有势的阔亲戚来给自己增添光彩，表明曾经阔过或正在阔着，从而找回做人的信心。

　　可是曾经阔过、正在阔着，跟你并没有太大关系，何必非要找个遥远的阔亲戚来撑腰呢？究其根源，是国人在人格上不独立的缘故。这其中有深刻的制度性原因，即以"三纲五常"为基础的封建专制，抹杀了"我就是我"的独立性。表现在国家层面上，是臣子对皇帝绝对效忠，奴才对主子绝对服从。皇帝老爷对听话的人极力施舍，对不听话的人坚决打击。在这种恐怖制度的长期压制下，人的独立性完全被抹杀了，人人以争做合格的奴才为目标，以能够侍奉主子为荣耀。表现在家庭层面上，是子女绝对服从父母，因此无所谓独立、自由、平等可言。

　　一个人在失去独立性之后，自我意识必然会淡薄，形成严重的"依赖思想"。在长期的封建专制统治下，中国人越来越像一种附着的生物，附着于前人、亲戚、主子、君主身上；附着于权势、关系、人际、人情之上。一旦脱离这些附着体，似乎就失去了独立存在的依据。因此，一个附着的生物，不能证明"我就是我"的人，只好搬出七大姑八大姨的阔亲戚来证明自己，显现存在。附着的人容易极度自负，他们附着在狮子身上就以为自己是狮子，也容易极度自卑，他们附着在蚂蚁身上就以为自己是蚂蚁，"变成一个人格分裂的奇异动物。"

　　这种思想到现在仍然是过滤性的病毒，毒害着一些国人，他们四处攀阔亲戚，甚至<u>连"洋亲戚"也不放过</u>。

97．第2段中"研究"的意思是：

　　A 调查　　　　　　B 考证　　　　　　C 考古　　　　　　D 牵强附会

98．从表面上看，中国人攀阔亲戚是因为：

　　A 虚荣心　　　　　B 自信心　　　　　C 自尊心　　　　　D 同情心

99．中国人攀阔亲戚的根本原因是：

　　A　自尊心太强　　　　　　　　　　B　家族观念太强

　　C　人格上不独立　　　　　　　　　D　自己没有能力

100．最后一段"连'洋亲戚'也不放过"的意思是指：

　　A　洋亲戚不算　　　　　　　　　　B　连洋亲戚也要攀

　　C　觉得洋亲戚没用　　　　　　　　D　洋亲戚也要跟着受罪

三、书 写

第101：缩写。

(1) 仔细阅读下面这篇文章，时间为10分钟，阅读时不能抄写、记录。
(2) 10分钟后，监考收回阅读材料，请你将这篇文章缩写成一篇短文，时间为35分钟。
(3) 标题自拟。只需复述文章内容，不需加入自己的观点。
(4) 字数为 400 左右。
(5) 请把作文直接写在答题卡上。

　　他和她是在一个宴会上相识的，那时的她年轻美丽，身边有很多的追求者，而他却是一个很普通的人。因此，当宴会结束，他邀请她一块去喝咖啡的时候，她很吃惊，然而，出于礼貌，她还是答应了。

　　坐在咖啡馆里，气氛很是尴尬，没有什么可聊的话题，她只想快点儿离开这里。但是当小姐把咖啡端上来的时候，他却突然说："麻烦你拿点盐过来，我喝咖啡习惯放点盐。"当时，她愣了，小姐也愣了，大家的目光都集中到了他身上，以至于他的脸都红了。

　　小姐把盐拿了过来，他往咖啡里放了一点点，然后拿起杯子，慢慢地喝了起来。她是一个好奇心很强的人，于是她忍不住问他："你为什么要加盐呢？"他沉默了一会，几乎是一字一顿地说："小时候，我住在海边，我喜欢在海里泡着，海浪打过来，海水涌进嘴里，又苦又咸。现在，很久没回家了，我非常想念家乡海水的咸味，所以喝咖啡时，我喜欢加盐。"

　　她突然被打动了，因为，这是她第一次听到男人在她面前说想家，她认为，想家的男人必定是顾家的男人，而顾家的男人必定是爱家的男人。她忽然产生了一种倾诉的欲望，跟他说起了她远在千里之外的故乡，尴尬的气氛渐渐地变得融洽起来，两个人聊了很久，并且，她没有拒绝他送她回家。

　　再以后，两个人频繁地约会，她发现他是一个很好的男人，大度、细心、体贴，符合她所欣赏的所有的优秀男人应该具有的特性。她暗自庆幸，幸亏当时的礼貌，才没有和他擦肩而过。她带他去遍了城里的每家咖啡馆，每次她都说："请拿些盐来好吗？我的朋友喜欢咖啡里加盐。"再后来，就像童话书里所写的那样，"王子和公主结婚了，从此过着幸福的生活。"他们确实过得很幸福，而且一过就是四十多年，直到他前不久得病去世。

故事似乎要结束了，如果没有那封信的话。

那封信是他临终前写给她的："原谅我一直都欺骗了你，还记得第一次请你喝咖啡吗？当时气氛差极了，我很紧张，不知怎么想的，竟然对小姐说拿些盐来，其实喝咖啡时我是不加盐的，当时既然说出来了，只好将错就错了。没想到竟然引起了你的好奇心，这一下，让我喝了半辈子的加盐咖啡。有好几次，我都想告诉你，可我怕你生气，更怕你会因此离开我。现在我终于不怕了，因为我就要死了，死人总是很容易被原谅的，对不对？今生得到你是我最大的幸福，如果有来生，我还希望能娶到你，只是，我可不想再喝加盐的咖啡了，你知道在咖啡里加盐的味道有多难喝吗？咖啡里加盐，我当时是怎么想出来的！"

信的内容让她吃惊，同时有一种被骗的感觉。然而，他不知道，她多想告诉他："她是多么高兴有人会这么在意她，为了她，宁愿喝四十年加盐的咖啡……"

新 汉 语 水 平 考 试 题

HSK（六级）模拟试题（3）

注　　意

一、HSK（六级）分三部分：

　　1．听力（50题，约35分钟)

　　2．阅读（50题，45分钟)

　　3．书写（1题，45分钟）

二、答案先写在试卷上，最后10分钟再写在答题卡上。

三、全部考试约140分钟（含考生填写个人信息时间5分钟）。

一、听 力

第 一 部 分

第1－15题: 请选出与所听内容一致的一项。

1． A 小珍今年5岁了
   B 爸爸今年5岁了
   C 爸爸和小珍一样大
   D 爸爸和幼儿园老师一样大

2． A 纸上谈兵的人不会成功
   B 理论比实际经验更重要
   C 实际经验比理论更重要
   D 纸上谈兵是指一种游戏

3． A 女孩很受大家欢迎
   B 有两个男孩想和女孩跳舞
   C 妈妈和女孩一起参加了舞会
   D 两个男孩都不愿意和女孩跳舞

4． A 只有少数人会剪纸
   B 剪纸的工具只有剪刀
   C 剪纸艺术品不受欢迎
   D 剪纸是中国的传统艺术

5． A 地下交通不受重视
   B 科学家们正在研制快速地铁
   C 地铁是速度最快的交通工具
   D 中国研制出了新型快速地铁

6． A 命运决定一切
   B 面对选择不要犹豫
   C 犹豫是取胜的法宝
   D 在选择时要考虑多种因素

7． A 老花眼不能预防
   B 平时老眨眼睛不好
   C 用冷水洗眼睛可预防老花眼
   D 人过50岁以后都会得近视眼

8． A 七夕节是牛郎的节日
   B 七夕节是一个爱情故事
   C 七夕节是一个新兴的节日
   D 七夕节是中国传统的情人节

9． A 小明很喜欢火箭
   B 小明并不知道答案
   C 火箭的屁股着火了
   D 火箭自己会蹦上天

10． A 梦是有规律的
    B 人们都会解梦
    C 梦与命运有关系
    D 梦是一种生理现象

11． A 物价不会有波动
    B 物价越高经济发展越快
    C 物价波动会反映经济情况
    D 物价对人们的生活没影响

12． A 饮食越清淡越好
    B 吃素不容易得病
    C 老年人都喜欢吃肉
    D 老年人要注意营养搭配

13．A　锻炼后要喝碳酸饮料
　　B　锻炼不要超过1小时
　　C　锻炼中要不断补充水分
　　D　锻炼中只能喝运动饮料

14．A　纽约排名第三
　　B　纽约排名下降了
　　C　伦敦排名下降了
　　D　上海排名倒数第二

15．A　他们没有参加奥运会
　　B　他们是花样滑冰教练
　　C　他们拿到了奥运会金牌
　　D　他们没有拿到奥运会金牌

第16－30题: 请选出正确答案。

16. A 现代人不一定能接受
    B 以前的道理不是真理
    C 真理在任何时候都有用
    D 真理是在现代发展起来的

17. A 一个学者
    B 一个观众
    C 一个传播者
    D 一个文学家

18. A 女人让男人头疼
    B 男人很难抚养小孩子
    C 女人和小孩子不好养
    D 女人和小孩子不易理解

19. A 你是位穿越时空的人
    B 我们非常敬仰你的思想
    C 你的《论语》写得真好
    D 你对现代人最想说的话是什么？

20. A 她很想和孔子对话
    B 她讲的不是真实的孔子
    C 她对《论语》很有研究
    D 她认为小孩子很难琢磨

21. A 父母
    B 父母的工作
    C 家庭的收入情况
    D 家庭的地理位置

22. A 相处的质量
    B 相处的方式
    C 相处时的气氛
    D 相处时间的长短

23. A 喜欢和妈妈相处
    B 不希望妈妈做出牺牲
    C 孩子出生后就有自我意识
    D 1-3岁时大脑发育非常迅速

24. A 会
    B 不会
    C 没有提到
    D 有一定的影响

25. A 好奇心强的孩子
    B 由保姆带大的孩子
    C 拥有良好心态的孩子
    D 过早开始竞争的孩子

26. A 紧张和激动
    B 难过而沮丧
    C 又紧张又害羞
    D 又陌生又熟悉

27. A 心情很激动
    B 心里非常痛苦
    C 不希望重蹈覆辙
    D 感到遇到了挑战

28．A　迅速修复市场
　　B　战胜这次挑战
　　C　确定市场是否还正常
　　D　香港的最后结局如何

29．A　很有勇气
　　B　脚踏实地地工作
　　C　去美国纽约居住
　　D　认识了一位老人

30．A　他破坏了香港市场
　　B　他最初并不是很突出
　　C　他没有战胜金融危机
　　D　他从纽约走到过迈阿密

第 三 部 分

第31－50题: 请选出正确答案。

31. A 聊天
    B 学习
    C 做游戏
    D 进行修炼

32. A 灯快熄了
    B 灯太暗了
    C 灯太亮了
    D 灯快坏了

33. A 点灯的和尚
    B 谁也没成功
    C 最后一个和尚
    D 第一个开口说话的和尚

34. A 哭了一夜
    B 离开了他的朋友
    C 在沙子上写下自己的委屈
    D 在石头上刻下自己的委屈

35. A 他很善良
    B 他性格很内向
    C 他们不是好朋友
    D 他不喜欢去沙漠旅行

36. A 我们需要朋友
    B 应该学会忘记
    C 不要轻易伤害朋友
    D 忘记无心伤害，铭记真心帮助

37. A 成为一个富翁
    B 建造一个公园
    C 建造一个游乐园
    D 跟爱人一起周游世界

38. A 有雄厚的资金
    B 有政府的支援
    C 凡事非常积极
    D 他是第一个建造游乐园的人

39. A 不要懒惰
    B 不要有恐惧心理
    C 只要努力就能成功
    D 主动出击是成功的秘诀

40. A 四方形
    B 圆柱形
    C 三角形
    D 倒圆锥形

41. A 喜欢喝茶
    B 产生惰性
    C 提高效率
    D 变得自立

42. A 陀螺的玩法
    B 人要不断进取
    C 很多人在消磨时光
    D 蛋筒式饮水杯的好处

43．　A　身上的伤疤
　　　B　开心的笑料
　　　C　愤怒的狮子
　　　D　虚弱的身体

44．　A　亲密的行为
　　　B　光彩的行为
　　　C　可取的行为
　　　D　不可取的行为

45．　A　矛盾将会消失
　　　B　矛盾将会激化
　　　C　矛盾会越来越大
　　　D　矛盾会在短时间内化解

46．　A　揭短
　　　B　发生口角
　　　C　总是依赖对方
　　　D　总是输给对方

47．　A　生活困难
　　　B　人各有别
　　　C　互相不信任
　　　D　一方有外遇

48．　A　互相忍让
　　　B　互不相让
　　　C　暂时避开对方
　　　D　买礼物给对方

49．　A　会生病
　　　B　会失去信任
　　　C　对方会害怕你
　　　D　对方会依着你

50．　A　吵得越少越好
　　　B　吵得越多越好
　　　C　适当的吵架可以调剂生活
　　　D　吵架时，牵扯的人越多越好

二、阅　读

第　一　部　分

第51－60题：请选出有语病的一项。

51．A　与其这样，还不如回家种地。

　　B　退烧药一天吃三次，一次吃一片儿。

　　C　我不是那么急需这些东西，现在没买也罢。

　　D　如果大家对我有什么意见，请直接提出来，不要客气。

52．A　您先去一楼付款，然后到三楼去拍一下照。

　　B　我拿出包里的辞职信，慢慢地撕碎片，丢进了垃圾桶。

　　C　只要不喝酒，什么毛病也没有，一喝酒就完全变了样了。

　　D　我终于拿到了奥斯卡金奖，我觉得自己的忍耐、妻子的付出终于得到了回报。

53．A　没伤着骨头，只是擦破了点儿皮。

　　B　幸亏上了闹钟，要不咱俩今天都得迟到。

　　C　他们不断改善投资环境，终于引来了第一批外国客商。

　　D　现在用的毛笔，相传秦朝监督修筑万里长城的将军蒙恬首创的。

54．A　为了防止水土流失，我们决定在这里种草植树。

　　B　万一遇到野兽，大家一定要保持冷静，不要乱跑。

　　C　这次我们公司展销的产品，无论是式样还是质量都要比往年好得多。

　　D　世界小米栽培面积约10多亿亩，我国最多，大多分布在黄河中下游地区最多。

55．A　我希望自己能成为送车给弟弟的哥哥。

　　B　这几天，要多喝点儿开水，还要记住按时吃药，按时睡觉。

　　C　土地沙漠化是农业生态系统的一大威胁，给农牧业带来了严重的损失。

　　D　夸夸其谈的人，无论如何他说得多么天花乱坠，最终也是不能取信于人的。

56．A　不要害怕悲伤与痛苦，有时它们会带给你超乎寻常的创造力。

　　B　我们要善于通过调查研究发现问题，最后找到解决问题的方法。

　　C　中国的京杭大运河，不仅是世界最长的运河，也是开凿最早的运河。

　　D　这极大调动了农民的生产积极性，农业增产显著，并取得了举世瞩目的成就。

57．A 请恕我冒昧，我有点急事要请教，不得不打断你们的谈话。

  B 专利技术是一笔无形的资产，但它并不等于可以直接购买商品的现金。

  C 这样，可以把污染消灭在生产过程中，到达保护环境、造福人类的目的。

  D 香港各报13日都以较大版面、显著位置报道了全国政协十届二次会议闭幕的
    消息。

58．A 唐朝初期，官府对城市生活的管理非常严格极了，城里晚上有宵禁，居民不得出
    门。

  B 有人预言，太阳最终将消失；还有人推测若干亿年后，在太阳系中将发生巨
    大变革。

  C 经过多方奔走和说服，医院同意减免一部分医疗费用，小男孩的家人也筹集
    到了一部分资金。

  D 在日常生活中，应当多观察，多思考，多阅读文艺作品，多积累生活经验，另
    外，还要敢于想象和创新。

59．A 人作为城市的主体，一方面要建设城市，另一方面则是要与城市相和谐。

  B 以前只要少数人家才有的电脑，现在已走进千家万户，电脑已不是什么稀罕
    物了。

  C 尽管城市化程度越来越高，设备越来越完善，人们还是喜欢到青山绿水、鸟
    语花香的大自然中去放松放松。

  D 性别、年龄、学历、工作性质、工作环境以及婚姻状况影响人们的闲暇时间
    和闲暇活动，而闲暇时间和闲暇活动的质量影响人们的幸福感。

60．A 吐鲁番盆地夏季白天最高温度曾达到过82.3℃，而入夜后温度又可降至0℃
    以下，温差超过80℃以上。

  B 礼仪举止好像穿衣戴帽一样，既不可太宽也不可太紧。要讲究而有余地，宽
    裕而不失大体，如此行动才能自如。

  C 环保产业已远远超过旅游、软件等新兴产业，它不仅是各国国内经济新的增
    长点，而且是国际贸易的灿烂前景。

  D 云岗石窟在大同西16公里的武周山，长约一公里，有四十多个窟，大小佛像
    十万余尊，是我国最早的大石窟群之一。

第 二 部 分

第61－70题：选词填空。

61．在中国古代历史上，城市的发展大致＿＿＿＿了三个阶段：第一个阶段是乡村式城堡阶段，第二个阶段是城与市的＿＿＿＿阶段，第三个阶段是城与市的＿＿＿＿阶段。

A	路过	分解	合成	B	通过	离开	形成
C	经过	分开	合并	D	经历	分离	合一

62．二十一世纪，最大的危机是没有危机感，最大的＿＿＿＿是满足。人要学会用望远镜看世界，而不是用近视眼看世界。＿＿＿＿时要想着为自己找个退路，逆境时要懂得为自己找＿＿＿＿。

A	危害	顺利	未来	B	水井	成功	希望
C	陷阱	顺境	出路	D	公害	胜利	发展

63．青少年时期，是生理和心理的重要转型时期，性的＿＿＿＿正走向成熟，但性意识仍是朦朦胧胧的。在年轻人的眼里，明星是快乐的使者，是美的＿＿＿＿，是最有成就的典范。他们都向往梦幻般的青春，生活在自己虚拟的世界中，＿＿＿＿着自己成为明星，成为顶尖人物，并以此为生活的目标。

A	发展	使者	做梦	B	发育	化身	幻想
C	成长	天使	想象	D	成为	代表	希望

64．人类的寿命＿＿＿＿是生长期的5-7倍，也就是说人的寿命应该在120岁以上。科学家指出人类99%的疾病与免疫功能＿＿＿＿有关，20%的人是＿＿＿＿在身的人，75%是比较健康的人，5%是真正健康的人（包括刚＿＿＿＿的婴儿）。

A	应该	失调	疾病	出生
B	必须	失控	性病	生于
C	必要	失去	大病	生成
D	可以	毁坏	小病	生产

65．调查发现，北京市民的休闲活动有如下特点：一是休闲活动多______在娱乐性、
消遣性、低花费的活动中；二是"再苦不能苦孩子，再穷不能穷教育"的观念
______，由孩子来决定家庭消费流向已成为一种______。北京市民最喜欢的三项
休闲活动为看电影、听音乐和读书；从个人活动时间______上看，用于睡觉的时
间最长，其次是休息，最后是吃。

	A	汇集	举世闻名	局势	布局
	B	聚集	密不可分	形式	离开
	C	集中	根深蒂固	趋势	分布
	D	召集	大势所趋	局面	分开

66．近年来，各种各样的饮料不断涌现出来，______着传统茶的固有市场，有一部分
人开始对新问世的饮料产生了兴趣。但是由于茶叶的生产和加工技术不断地
______，各种不同功效的茶叶相继______，使得喜欢喝茶的人不但没有______，
反而比过去更多了。

	A	冲击	提高	问世	减少
	B	打击	提升	出来	消灭
	C	推动	上涨	发明	缺少
	D	击垮	上升	制造	减轻

67．老舍把一生都______了祖国的文学艺术事业。老舍的作品以表现城市下层人民的生
活与愿望而______于世。他创作的《四世同堂》、《茶馆》等作品深受广大读者的
______。小说《骆驼祥子》是他的代表作，不仅被搬上______，还被译成多种文
字。

	A	牺牲	名望	信赖	电影
	B	贡献	有名	热爱	彩屏
	C	献给	著称	喜爱	银幕
	D	送给	著名	喜欢	屏幕

68. 有人说，人的一生是由千千万万个选择________的，这话很有道理。在今天这个越来越丰富多彩的世界里，有很多人______各种各样的选择而无所适从。尤其是经验______的年轻人，对于他们来说，学会选择便是一个需要______解决的问题。

A	形成	看到	不够	尽量
B	组成	面对	不足	尽快
C	组织	面朝	贫乏	只能
D	构成	面向	缺乏	全力

69. 古书中对"凶宅"的描述多与鬼怪________结合在一起，说人住进这种神秘的"凶宅"，不是得病、暴死，就是遇到其他的不幸事故。但事实上，并不存在________的鬼怪，这些宅第可能只是建筑设计不________，采光和通风条件不良，使人感到不舒适，________容易导致各种疾病的发生。

A	事情	传说	公平	不过
B	小说	听说	规范	由此
C	谣言	据说	健全	可见
D	故事	所谓	合理	因此

70. 真正的领导人，不一定是自己多么有能力，只要懂________、懂放权、懂珍惜，就能聚集比自己更强的力量，从而提升自己的________。相反许多能力非常强的人却因为过于________完美，________，什么人都不如自己，最终只能成为最好的研究人员和执行人员，成不了优秀的领导人。

A	信任	身价	追求	事必躬亲
B	信心	价值	追赶	毕恭毕敬
C	信息	价格	研究	喜闻乐见
D	信仰	年薪	爱惜	以身作则

第71－80题：选词填空。

71－75.

有位秀才第三次进京赶考，住在一个经常住的店里。(71)＿＿＿＿＿＿＿＿＿＿＿＿＿＿＿，第一个梦是梦到自己在墙上种白菜，第二个梦是下雨天，他戴了斗笠还打伞，第三个梦是梦到跟心爱的表妹脱光了衣服躺在一起，但是背靠着背。

这三个梦似乎有些深意，秀才第二天就赶紧去找算命的解梦。算命的一听，连拍大腿说："你还是回家吧。你想想，高墙上种菜不是白费劲吗？戴斗笠打雨伞不是多此一举吗？跟表妹都脱光了躺在一张床上了，却背靠背，不是没戏吗？"

秀才一听，心灰意冷，(72)＿＿＿＿＿＿＿＿＿＿＿。店老板觉得非常奇怪，问："不是明天考试吗？为什么要今天回家啊？"

秀才如此这般说了一番，店老板乐了："哟，我也会解梦的。我倒觉得，(73)＿＿＿＿＿＿＿＿＿＿＿。你想想，墙上种菜不是高种吗？戴斗笠打伞不是说明你这次有备无患吗？跟你表妹脱光了背靠背躺在床上，不是说明你翻身的话就能够到她了吗？"

秀才一听，觉得很有道理，(74)＿＿＿＿＿＿＿＿＿＿，居然中了个探花。

积极的人，像太阳，照到哪里哪里亮，消极的人，像月亮，初一十五不一样。想法决定我们的生活，(75)＿＿＿＿＿＿＿＿＿＿，就有什么样的未来。

A　有什么样的想法

B　你这次一定要留下来

C　回店收拾东西准备回家

D　于是振奋精神去参加了考试

E　考试前一天晚上他做了三个梦

76-80.

几年前，我在市供暖公司工作，每天负责收取供暖费。我们这座北方的小城，一到冬天，(76)＿＿＿＿＿＿＿＿＿＿，冷得连空气都能结冰。

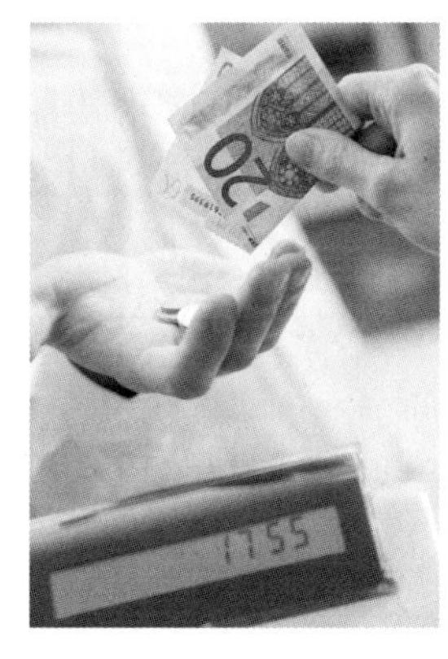

有一天，快下班的时候，有个男人来到收费窗口。我问："您要交费吗？"男人说："是的，"我问他地址，他说："我想问一下，(77)＿＿＿＿＿＿＿＿＿＿？"我愣住了。心想，只交八天的钱，开什么玩笑？！他急忙解释道："我知道这违反规定，供暖费应该一次交四个月的。可是，我只想交八天的钱，你们能不能破个例，只为我家供八天的暖气？我和我爱人下岗在家，还要供儿子念大学，没有多余的钱交供暖费。今年我们想交八天的钱，从12月29日到1月5日。"我问："可是一冬都熬过了，那几天又为什么要供暖呢？因为过年吗？""不是，不是，"男人说，"那几天通暖气，(78)＿＿＿＿＿＿＿＿＿＿，他在上海念大学……这是八天的供暖费，一共是四十六块四毛。"当时我极想收下这四十六块四毛钱，非常想，可是我不能，因为不仅我，连供暖公司也从来没有遇到过这样的事儿。于是我抱歉地告诉他，(79)＿＿＿＿＿＿＿＿＿＿，因为没有这个先例，这件事儿，我做不了主。"那麻烦您了！"男人说，"您一定得帮我这个忙，我和我爱人倒没什么，主要是，我不想让我儿子知道这几年家里没通暖气。"最终，公司没有收下男人的钱，也没给那个男人供八天的暖气。原因很多，简单的、复杂的、技术上的、人手上的、制度上的等等。

后来我想，其实这样也挺好，当他的儿子领着漂亮的女朋友从上海回来，发现整整一个冬天，(80)＿＿＿＿＿＿＿＿＿＿，也许他会给自己的父母比现在多几倍的温暖。

A　家里如果不通暖气

B　我得向领导请示一下

C　能不能只交八天的钱

D　是因为我儿子要带着女朋友回来

E　他的父母都生活在冰窖似的家里

第81-100题：选词填空。

81-84.

　　成功如甜蜜，失败如苦药。当我们没有经过坎坷，就轻而易举地成功时，成功的甜味也会**入口即逝**；可当我们历经千辛万苦才尝到成功的甜味时，那甜味就会渗入我们的血液，在口中回味无穷，只有这样才能品尝出成功甜味的精髓。

　　人们喜爱成功，痛恨失败，但要知道"失败乃成功之母"。只有不断失败的人，才能从失败中吸取经验和教训，时时警戒自己，日积月累的经验和教训，如同一把金钥匙，为你开启成功之门。

　　成功可以消磨人的意志，失败可以锻炼人的意志。成功时，人们常常会骄傲自大，不思进取，自鸣得意。时间一长，就会丧失斗志。俗话说"好汉不提当年勇"，就是为了警戒那些自以为只要在某件事上取得一点点成功，就洋洋得意，坐享其成的人。这样当下一个失败袭来时，就会惊慌失措，坐以待毙了。

　　成功是目标，失败是过程。只有经过无数次失败才能取得最后的成功，那样的成功才最真实，最可靠，只有吃完了如苦药的失败，才能真正品尝出成功的甜蜜。结果固然重要，但是过程才是最值得回味的！

　　在中考中失利，曾使我一度坠入失败的深渊，没有希望的曙光，没有成功的兴奋，只有漆黑宁静的夜晚，只有无尽的伤痛。我一时之间，被失败彻底击垮了，我每天都生活在后悔之中，每天都要承受父母对我的失望，我觉得自己很悲哀。可是，时间久了，便慢慢想通了，也许失败是件好事，经过这次的失败，在三年后的高考中，我也许会更加出色，我会给父母带来惊喜，我一定会品尝到成功的甜蜜。

　　失败后，不要自暴自弃，要勇敢地站起来，张海迪说过"一百次跌倒就要一百零一次的站起来"。失败只是暂时的，如果能做到不屈不挠的话，你一定会取得成功的。

81．第一段中"入口即逝"的意思是：

　　A　很容易忘记　　　　　　　　B　很容易记住

　　C　马上会消逝　　　　　　　　D　让人回味无穷

82．根据上文，成功：

　　A　会消磨人的意识　　　　　　B　会锻炼人的意志

　　C　是每个人的梦想　　　　　　D　会使人感到幸福

83．作者认为什么样的成功才是最真实、最可靠的？

　　A　自己喜欢的　　　　　　　　B　大家都认可的

　　C　轻而易举得到的　　　　　　D　经历过无数次失败的

84．失败后应该：

　　A　更有信心　　　　　　　　　B　更加小心

　　C　勇敢地站起来　　　　　　　D　总结经验教训

85-88.

　　她是两个孩子的母亲，两个都是女儿。大的叫欣欣，16岁；小的叫童童，9岁。欣欣不是她亲生的女儿，她结婚后，因身体的原因，怀孕后总是无法留住腹中的胎儿，医生建议为了健康，不要生孩子。但作为一个女人，她很想做母亲。后来就有了欣欣，一

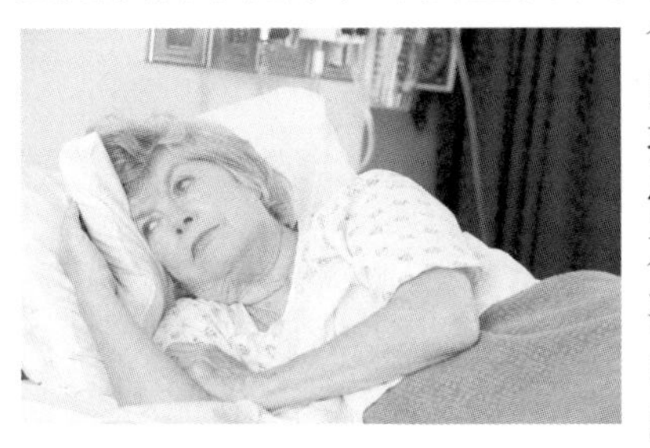

个出生后就被父母抛弃的孩子，是丈夫从煤矿捡来的。当她第一次看见欣欣的时候，她稀罕得什么似的，抱着孩子，亲个没完。可是，没想到欣欣7岁时，她竟然又怀孕了，她一直很小心，可还是出了<u>意外</u>。起初，她并不想要这个孩子，可是年过30的她，内心太渴望拥有一次孕育的幸福，就刻意拖着，心酸地想，让孩子多在体内呆几天吧，反正是留不住的。没想到，这一次，胎儿的生命力却超乎以往。10个月后，在她的担忧和期待中，孩子降生了，是个女孩儿，有点瘦，可是很健康。

　　欣欣12岁时，发生了一件意外的事情。孩子的亲生父母竟然在12年后辗转找上门来，他们说，如果她愿意把女儿还给他们，他们将支付丰厚的补偿。她拒绝了，拒绝了补偿，也拒绝了将女儿交还给他们。她说，欣欣不会跟你们走，她是我女儿，做母亲我不会比任何人差。结果真的如此，当她把一切真相告诉欣欣的时候，欣欣正如她想象中那样坚决，欣欣说，她哪里都不去，她要和妈妈在一起。

　　那对夫妻离开了，又过了三年，她的身体每况愈下，终于撑不下去了，她去医院做了检查，检查结果非常令人吃惊，大夫说她是肝癌晚期。她只在医院待了很短的时间，她不想把钱扔在医院里。回到家，看着一大一小两个女儿，她觉得舍不得，不是贪恋生命，是做母亲还没有做够，可是，她却不得不为她们的未来打算。最后，她还是给欣欣的亲生父母打了电话，对他们说，愿意把孩子还给他们。可是，欣欣却坚决不肯跟她的亲生父母走，她没有任何办法，只能让那对夫妻走。然后她转身对丈夫说，你筹钱吧，我要住院，我要好好地接受治疗，我要尽可能在这个世上多停留几天。

85．欣欣是从哪里捡来的？
　　A 煤矿　　　　　　　B 荒野　　　　　　　C 街上　　　　　　　D 医院

86．第一段中划线词语"意外"指的是：
　　A 她怀孕了　　　　　B 她得病了　　　　　C 孩子死了　　　　　D 孩子出生了

87．关于母亲，我们可以知道什么？
　　A 很幸运　　　　　　　　　　　　　B 得了肝癌
　　C 没生过孩子　　　　　　　　　　　D 两个女儿都不是亲生的

88．最后母亲为什么决定要做手术？
　　A 贪恋生命　　　　　　　　　　　　B 筹到了手术费
　　C 舍不得两个孩子　　　　　　　　　D 手术后可以痊愈

89–92.

　　去年，我应邀担任某校园艺术节的评委，观看了一场精彩的文艺演出。而最令人感动的，是那曲没有谢幕的演奏。

　　当红色的幕布徐徐拉开的时候，10名手执二胡的少年已经端坐在舞台中央，一个个精神抖擞，他们为大家演奏的是二胡名曲《赛马》。时而悠扬、时而激扬的演奏，把草原上万马奔腾的气势表现得淋漓尽致。观众们仿佛来到了那片广袤无垠、策马奔腾的美丽的大草原，伴随着琴声在辽阔神秘的大草原上纵横驰骋……

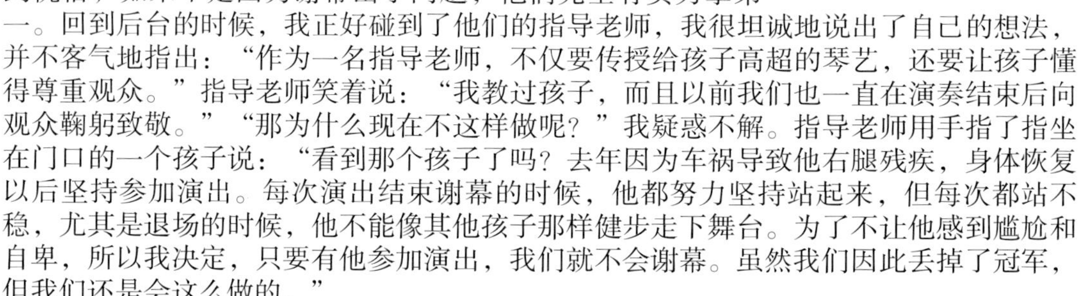

　　演奏结束，全场观众在沉寂了数秒种之后，报以雷鸣般的掌声。按照惯例，这时候演奏的小演员应该起立向观众鞠躬谢幕，然后依次退场。可是这些小演员却端坐不动，只是报以灿烂的笑容，直到幕布徐徐拉上。这时，我感到观众席上开始骚动起来，评委之间也有人在交头接耳。

　　演出结束，《赛马》以0.1分之差屈居第二。我替他们感到惋惜，如果不是因为谢幕出了问题，他们完全有实力拿第一。回到后台的时候，我正好碰到了他们的指导老师，我很坦诚地说出了自己的想法，并不客气地指出：“作为一名指导老师，不仅要传授给孩子高超的琴艺，还要让孩子懂得尊重观众。”指导老师笑着说：“我教过孩子，而且以前我们也一直在演奏结束后向观众鞠躬致敬。”“那为什么现在不这样做呢？”我疑惑不解。指导老师用手指了指坐在门口的一个孩子说：“看到那个孩子了吗？去年因为车祸导致他右腿残疾，身体恢复以后坚持参加演出。每次演出结束谢幕的时候，他都努力坚持站起来，但每次都站不稳，尤其是退场的时候，他不能像其他孩子那样健步走下舞台。为了不让他感到尴尬和自卑，所以我决定，只要有他参加演出，我们就不会谢幕。虽然我们因此丢掉了冠军，但我们还是会这么做的。”

89．参加二胡演奏的人都是：

　　A 儿童　　　　　　　B 少年　　　　　　　C 青年　　　　　　　D 高中生

90．二胡演奏没有拿到冠军的原因：

　　A 演奏得不太好　　　　　　　　　B 有一段曲子拉错了

　　C 没有站起来向观众行礼　　　　　D 有一个人出了点儿小差错

91．关于说话人，我们可以知道什么？

　　A 是记者　　　　　　　　　　　　B 是老师

　　C 有同情心　　　　　　　　　　　D 很重视孩子的教育

92．那个指导老师：

　　A 很认真　　　　　　　　　　　　B 很有学问

　　C 认识很多评委　　　　　　　　　D 教育孩子要平等待人

93-96.

在鳄鱼身上的实验已经证明，鳄鱼的免疫系统可以杀灭艾滋病毒（HIV），因此美澳两国的科学家希望，可以分离鳄鱼血液中的抗体，并最终研发出适用于人体的超级抗生素。

鳄鱼拥有远比人类强大的免疫系统，它能够防止鳄鱼在险恶环境下与掠夺者搏斗后留下的伤痕受到感染。正在澳大利亚北部采集鳄鱼血液样本的美国科学家马克·麦钱特说："它们（指鳄鱼）互相撕咬肢体、疯狂攻击。不仅如此，它们居住的环境也充满细菌，但不管伤口有多可怕，它们都能迅速复原，而且伤口通常都不会感染。"而如果这种伤口出现在人身上，必定会导致极为严重的败血症甚至死亡。

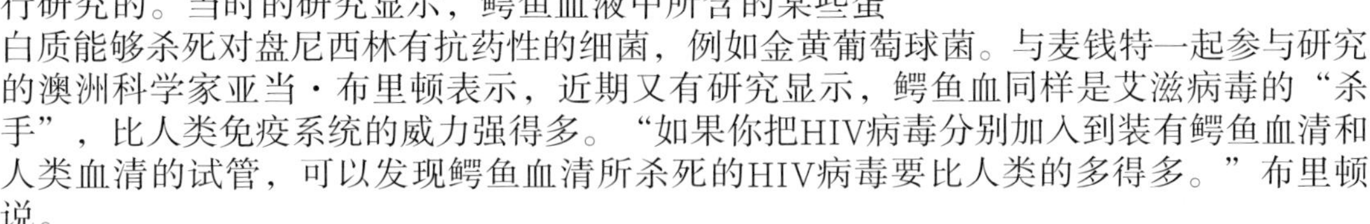

科学界是从1998年开始重视对鳄鱼超强免疫系统进行研究的。当时的研究显示，鳄鱼血液中所含的某些蛋白质能够杀死对盘尼西林有抗药性的细菌，例如金黄葡萄球菌。与麦钱特一起参与研究的澳洲科学家亚当·布里顿表示，近期又有研究显示，鳄鱼血同样是艾滋病毒的"杀手"，比人类免疫系统的威力强得多。"如果你把HIV病毒分别加入到装有鳄鱼血清和人类血清的试管，可以发现鳄鱼血清所杀死的HIV病毒要比人类的多得多。"布里顿说。

事实上，过去10年来布里顿和麦钱特一直在鳄鱼出没的区域采集鳄鱼的血液样本。他们在捕获鳄鱼后，捆住它们的爪子，并用针筒从鳄鱼头部后侧抽一试管血。布里顿和麦钱特希望能够采集到足够数量的鳄鱼血，以便分离出其中的抗体，最终研发出一种适用于人体的超级抗生素。

麦钱特预测，这种抗生素也许可用于糖尿病患者身上无法愈合的伤口，或者常有伤口感染的烧伤患者。

不过布里顿也承认，以鳄鱼血为样本研发抗生素仍存有风险，鳄鱼的免疫系统对人体来说可能威力太强，需要中和成人体能接受的强度，"还有很多工作要做，或许要花数年时间"。

93. 鳄鱼强大的免疫系统可以杀死：

    A HIV   B 病虫   C 对手   D 蛋白质

94. 布里顿和麦钱特是怎么采集鳄鱼血液样本的？

    A 养鳄鱼   B 买鳄鱼   C 亲自捕获   D 让渔夫捕获鳄鱼

95. 布里顿和麦钱特研发适用于人体的超级抗生素的进展情况如何？

    A 已放弃研发   B 正在研发之中
    C 最终以失败告终   D 已经研发出来了

96. 麦钱特是在哪儿采集鳄鱼血液样本的？

    A 美国   B 中国   C 非洲   D 澳大利亚

97-100.

　　责任是分内应做的事情，也就是承担应当承担的任务，完成应当完成的使命，做好应当做的工作。责任感是衡量一个人精神素质的重要指标。当一个人真正成为社会一份子的时候，责任作为一份礼物已不知不觉地降落在一个成年人的肩上。

　　责任是老天赋予人类的一种考验。许多人经不住这场考验，逃匿了；许多人承受了，自己肩上的负担也加重了。逃匿的人随时间的消逝，没有在世上留下一点痕迹；承受的人也会消逝，但他们的精神会永远活在人们的心中，人们会永远记住他们的名字和事迹。

　　当你惊诧于珍珠的晶莹剔透时，你可知道蚌忍受了怎样的痛苦，才将一颗沙粒孕育成绚丽的珍珠？责任束缚了我们的行动，限制了我们的自由。但终有一天，你会惊奇地发现，它已成为一颗**珍珠**，给我们的生命增添了无限的光彩！

　　范仲淹少时勤奋，学有所成，本可以在京城享受高官厚禄，可他却主动要求到偏远的边塞去保家卫国。他到边塞后，时刻不忘自己的责任，日夜操练军队，使敌军十余年不敢进犯。后来，皇帝又让他当宰相，这"**一人之下，万人之上**"的职位象征着财富、地位，是多少人心驰神往、梦寐以求的。但范仲淹却拒绝了，他认为国家的安定才是他义不容辞的责任，只有守卫边疆，敌人不敢来犯，国家才能安定富强。

　　菲利普医生生于20世纪初，他医术高明，医德高尚。有个小偷溜进他的诊所偷东西时，摔伤了腿，他二话没说，将小偷治好后送走了。可当一位盖世太保头目身受枪伤被送进他的诊所时，他却毫不犹豫地一刀杀死了这个双手沾满了鲜血的刽子手。他被逮捕后，有人指责他忘记了作为医生的责任。他义正言辞地回答："不，我没有忘记救死扶伤是医生的天职！我可以救伤害过我的人，但当纳粹到来时，我的首要责任就是反法西斯，我不能救伤害世界人民的人！"菲利普医生的做法值得我们深思。

　　随着时间的流逝、境况的改变，责任也会随之改变，它需要我们保持清醒的头脑，凡事要从大局出发，决不能感情用事。惟其如此，这心灵的沙粒才会真正孕育成一颗流传千古的珍珠！

97. 关于责任的定义，下面哪项正确？

　　A　是一种负担　　　　　　　　B　是一种任务

　　C　考验人的意志　　　　　　　D　理应要做的事情

98. 第3段中划线词语"珍珠"象征着什么？

　　A　责任　　　　　　B　努力　　　　　　C　忍耐　　　　　　D　幸福

99. 第4段中"一人之下，万人之上"的意思是：

　　A　人很多　　　　　　　　　　B　宰相的职位

　　C　皇帝的职位　　　　　　　　D　他下面有一万人

100. 范仲淹认为自己的责任是：

　　A　辅佐皇帝　　　　　　　　　B　国家的安定

　　C　百姓的生活　　　　　　　　D　经济的繁荣

三、书　写

第101：缩写。

(1) 仔细阅读下面这篇文章，时间为10分钟，阅读时不能抄写、记录。
(2) 10分钟后，监考收回阅读材料，请你将这篇文章缩写成一篇短文，时间为35分钟。
(3) 标题自拟。只需复述文章内容，不需加入自己的观点。
(4) 字数为 400 左右。
(5) 请把作文直接写在答题卡上。

　　毕业后我在北京的一所中学教书，父亲退休以后在家里闲着，有一天他打电话托我给他买台电脑，他要学会和我视频聊天儿。我听了便笑他说，都六十多岁的人了学电脑干嘛。父亲认真地说："几年前你是我的学生，现在让老爸做你的学生好不好？"我听了有些不耐烦，说："那老爸你可得用心学，我可没有时间手把手教你。"父亲笑着说："那当然，我得争取做闺女班里最聪明的学生，就像当初你给老爸脸上争光一样。"

　　此后一到周末，我都被老爸拽到电脑前。起初是打长途电话一点点地让他学会了使用视频。走到这一步，父亲明显有些懈怠，每次我都扯着嗓子教他如何搜索所需要的资料，如何存储文件，我觉得我费的劲儿，几乎比教班里最笨的学生还要多，但父亲的电脑水平，却始终停留在开着视频，对着话筒和我呵呵说笑的程度。

　　老爸似乎对自己的愚笨没有丝毫的察觉，他胖胖的脸在视频的镜头里，始终是心满意足地笑着。有时候母亲要靠过来看看我，他还会生气，说一句"你懂什么！"就又津津有味地听我讲解。我说："老爸你要实践啊！只是每个周末听我讲，之后一个星期就再也不摸电脑，那怎么行？"父亲照例在视频里笑开了花，说："老爸其实挺聪明的，姑娘你只要有点耐心，老爸肯定进步飞快。"我看着每一个指令需要我重复N遍，才会茫然地去动手的父亲，突然有点泄气，心想：究竟是自己这个老师不合格，还是父亲真的太笨，到底应该怎样教他呢？

　　父亲所谓的进步，也就是能打几个字和用话筒跟我聊天儿。此后不管我怎么努力，他都停在原地，一点儿进步也没有。隔壁的同事有一天无意中笑着说，对待笨的学生，冷落有时候比什么都管用，为什么不试着用在你老爸这个学生身上呢？我突然觉得很是轻松，心想这种办法不仅能刺激老爸好好学习，自己也可以落个轻松，与其把时间浪费在这么笨的学生身上，还不如睡觉来得实在。

　　老爸对我这项政策显然有些不适应，没过一个星期，他就撑不下去了，他说："姑娘你还是手把手地教老爸吧，我这么大把年纪，比不上你们年轻人，你要这样让我摸索着学，两年我也学不会。"后来见我无动于衷，甚至开始和我冷战。我打电话给母亲，让她转告父亲，像他这么笨的学生，我还是第一次碰到，都三个月了，打字还像老牛拉车一样，照这样下去，我岂不是教他一辈子也教不会？母亲听完我的抱怨，叹口气，小声说道："安安，其实你爸哪有这么笨啊！他只是想多听你说说话罢了，他花几千块钱，其实只是买了个能看见你模样的电话而已，他这么大把年纪了，学会上网又能做什么呢？能和你面对面地聊天儿，对他来说，就已经是精通电脑了啊……"

最笨的那个学生，原来是我，笨到和父亲面对面，看见他温柔地冲我喋喋不休的笑啊笑，我都不知道他心里想的，只是想看看千里之外的我是不是还好好的，是不是像他想念着我一样，将他放在心底最温暖的地方。

新 汉 语 水 平 考 试 题

HSK（六级）模拟试题（4）

注　　意

一、HSK（六级）分三部分：

    1．听力（50题，约35分钟)

    2．阅读（50题，45分钟)

    3．书写（1题，45分钟）

二、答案先写在试卷上，最后10分钟再写在答题卡上。

三、全部考试约140分钟（含考生填写个人信息时间5分钟）。

一、听 力

第 一 部 分

第1－15题：请选出与所听内容一致的一项。

1．A 汤姆没买票
　　B 汤姆经常发抖
　　C 汤姆认识这个大汉
　　D 汤姆坐在一辆汽车上

2．A 30岁的人要学习孔子
　　B 30岁的人生活最理想
　　C 30岁的人应该学会自立
　　D 30岁之前不用承担责任

3．A 没有人通过测试
　　B 第一个病人通过了测试
　　C 第二个病人通过了测试
　　D 第三个病人通过了测试

4．A 噪音会刺激大脑
　　B 噪音会使人耳聋
　　C 噪音对听觉有危害
　　D 噪音有助于提高听力

5．A 白色公害正在减少
　　B 白色公害污染了环境
　　C 白色公害跟人口增长有关
　　D 白色公害问题已得到了解决

6．A 做事一定要讲究效率
　　B 成功的人经历过很多事
　　C 做十件事不如做好一件事
　　D 我们要试图做好每一件事

7．A 上海地区满意度最高
　　B 北京孩子学习时间最长
　　C 上海孩子学习时间最短
　　D 北京每个家庭年均收入最高

8．A 夫妻之间都会有矛盾
　　B 父母吵架不影响孩子
　　C 32%的孩子没有安全感
　　D 父母不应随便乱发脾气

9．A 今天奶奶过生日
　　B 桌上的钱是给我的
　　C 妈妈经常给我零花钱
　　D 妈妈让我给奶奶买衣服

10．A 只有银行有一米线制度
　　B 只有少数国家有一米线制度
　　C 一米线制度是为了保护隐私权
　　D 一米线是顾客与服务员的距离

11．A 腊八粥是咸味的
　　B 腊八粥里只有粮食
　　C 腊八节要吃腊八粥
　　D 腊八节是在正月初八

12．A 孤独的人身体很弱
　　B 孤独的人不会得心脏病
　　C 没必要与人交往和交流
　　D 孤独会导致忧郁症等疾病

13．A 雪雕是透明的
　　B 雪雕比冰雕难
　　C 雪雕比冰雕流行
　　D 雪雕和沙雕原理相似

14．A 北京有很多滑冰场
　　B 冬奥会只有滑冰项目
　　C 市民近日掀起了滑冰热
　　D 北京孩子的滑冰水平很高

15．A 刘翔打破过世界纪录
　　B 2004年刘翔去了瑞士
　　C 刘翔没拿过奥运会金牌
　　D 刘翔参加了2006年的奥运会

<h1 align="center">第 二 部 分</h1>

第16－30题: 请选出正确答案。

16． A 刻意追求多产
　　 B 还想拍更多影片
　　 C 认为是以前拍的多
　　 D 想要达到一个纪录

17． A 他被马踢了
　　 B 他滑下山坡了
　　 C 他控制不住马的速度
　　 D 他的胳膊被刀割破了

18． A 很诚实的人
　　 B 非常自信的人
　　 C 没有安全感的人
　　 D 非常有礼貌的人

19． A 拍电影很无聊
　　 B 拍的电影太多了
　　 C 太早进入了演艺圈
　　 D 只要付出就会有收获

20． A 对自己很有自信
　　 B 17岁进入演艺圈
　　 C 只拍电影不唱歌
　　 D 很喜欢听交响乐

21． A 海归
　　 B 农民工
　　 C 外国留学生
　　 D 外地大学生

22． A 潜在定居性
　　 B 临时流动性
　　 C 工作重心在家乡
　　 D 与城市人享有同等的福利

23． A 两者价值观的不同
　　 B 城市人的"集体自私行为"
　　 C 外来者的福利比城市人高
　　 D 外来者对城市建设没有贡献

24． A 保持原有的观念
　　 B 仍然不接受外来者
　　 C 肯定外来者的劳动贡献
　　 D 努力改变社会外部条件

25． A 是一个农村人
　　 B 是一个外来者
　　 C 是一个城市人
　　 D 是一个大学教授

26． A 他单纯地喜欢北京
　　 B 他喜欢中国的运动员
　　 C 他的祖国和中国很友好
　　 D 他相信中国能成功举办奥运会

27． A 朋友的推荐
　　 B 自己的了解
　　 C 中国的国际地位
　　 D 过去20年中国的发展

28．A 那时中国没有资格
　　B 那时悉尼比中国强
　　C 让人们更加期待奥运会
　　D 八年的发展会让中国更上一层楼

29．A 学好英语
　　B 去英国工作
　　C 赢得更多金牌
　　D 当国际奥委会委员

30．A 非常热爱中国
　　B 并不了解中国
　　C 喜欢打乒乓球
　　D 喜欢悉尼这个城市

第 三 部 分

第31-50题: 请选出正确答案。

31. A 新奇的感觉
    B 奇怪的感觉
    C 不幸的感觉
    D 没有任何感觉

32. A 非常贵
    B 吃了很久
    C 是他的初恋给他的
    D 让他感受到了甜蜜和幸福

33. A 有钱才会幸福
    B 第一次吃的糖最甜
    C 只要努力就会成功
    D 要懂得珍惜和感受幸福

34. A 手术还没做完
    B 专家缝错了刀口
    C 她以为专家喝醉了
    D 还有一块纱布没取出来

35. A 非常出名
    B 是一个合格的护士
    C 想当有名的外科专家
    D 毕业后被分配到医院工作

36. A 惩罚女护士
    B 和女护士作对
    C 考验女护士是否合格
    D 让女护士学会尊重人

37. A 笑
    B 笑话
    C 药物
    D 手术

38. A 不要大笑
    B 只有人类才会笑
    C 人和一些动物也会笑
    D 我们知道动物为何笑

39. A 动物也会笑
    B 动物笑的原因
    C 笑对人的健康有好处
    D 90%的人有心理疾病

40. A 没认真地准备
    B 没有别人的帮助
    C 没有长远的目标
    D 缺乏立即行动的勇气

41. A 要非常勤奋
    B 精心地准备
    C 拥有明确的目标
    D 必要的准备和积极的行动

42. A 有了想法就要行动
    B 成功的人都很勤快
    C 做事前要考虑周全
    D 要想成功就要付出

43． A 理智的人
B 皇帝的新装
C 蒙娜丽莎的外衣
D 雕塑或别的什么东西

44． A 从不犹豫的人
B 总是说谎的人
C 敢说敢干的人
D 不做任何事的人

45． A 我错了
B 不客气
C 你真好
D 我没错

46． A 不要说谎
B 做人要知错就改
C 做人要十全十美
D 没有永远不犯错的人

47． A 自己开车游行
B 独自参加旅行团
C 自己驾驶汽车出游
D 独自骑自行车出游

48． A 野性
B 自主性
C 冒险性
D 被动性

49． A 随时出游
B 轮流开车并陪孩子玩
C 一边开车一边哄孩子
D 去山清水秀的地方玩

50． A 周末出游
B 平日出游
C 年末出游
D 长假出游

二、阅 读

第 一 部 分

第51－60题：请选出有语病的一项。

51．A 最近牙疼得我什么都干不了，今天得去医院看看。

    B 那天母亲始终戴着口罩，说是怕被感冒传染给我。

    C 接着，我也钻进车子，把车倒出停车场以后迅速离开了。

    D 除了游泳以外，乒乓球、网球、羽毛球什么的，我都非常喜欢。

52．A 这可能跟每个人的情趣和爱好有关。

    B 虽然他的职位很高，但他却非常谦虚。

    C 现在城市市场似乎日趋饱和，商家们把眼光逐渐转移了广大农村。

    D 我每天在家里买菜、做饭、带孩子，这样的生活对一个男人来说，是很伤自尊心的。

53．A 即使考上大学，也没有钱念。

    B 无论何时，我们都不能有丝毫的松懈。

    C 组装的电脑虽然便宜，但很容易故障有了。

    D 张老汉得知儿子离婚的消息，辗转反侧想了好几个晚上。

54．A 刚出门就被一辆自行车给撞倒了。

    B 我们还是提前做好准备吧，免得到时候手忙脚乱。

    C 我们发展经济的目的，归根到底是为了提高人民的生活水平。

    D 我给贵公司的盛情招待，表示衷心的感谢，希望我们今后合作愉快！

55．A 只要能生死与共，即便是痛苦也会成为欢乐。

    B 他们刚走出不到二里地，前面丛林茂密处，突然传来一声怪叫。

    C 那时候，由于一些传统观念在作怪，做人体模特还是个说不出来的职业。

    D 科学发明，有时是始于一些新奇的、不可思议的、甚至是荒诞不羁的假设。

56．A 这套管理方法，能大幅度提高经济效益，你们不妨试试。

    B 北京的颐和园、北海和承德的避暑山庄等是典型的皇家园林。

    C 他第一次向一个少女求婚，是高中毕业那一年，她微笑着，眼中含着泪光。

    D 过度锻炼也有害于健康，因为人在高强度的锻炼之后，免疫功能处于抑制情况。

57．A　我讲了许多理由，归根到底一句话，我们还没发现彻底破产的境地。

　　B　在美国电影界，一个没有任何背景的华人要想混出点儿名堂来，谈何容易。

　　C　令人痛心的是，由于各种各样的原因，感染艾滋病的人数，多年来有增无减。

　　D　在中国对外贸易中，加工贸易的进出口总值，已经占全国商品进出口总值的50%。

58．A　在人生的道路上，我们经历了一次又一次的选择，然而每次选择，我们只有一次机会。

　　B　有一天半夜，下着大雨，父亲的胃又剧烈地疼了起来，一种不祥的预兆，让我害怕地哭了开始。

　　C　为了保护人类的生存环境，增强人们的环保意识，每到世界环保日，中国政府都要大张旗鼓地宣传。

　　D　大约从原始社会末期到夏朝初期，城的主要作用是进行军事防御，此时市还没有出现。大约西周以后，出现了城市。

59．A　北京超万米以上的豪华商场近百家，琳琅满目的商品，文明礼貌的服务，人感到非常温馨。

　　B　古今中外，凡是有作为、有成就的人，无不惜时如命。鲁迅有一句至理名言："时间就是生命。"

　　C　1206年成吉思汗成为蒙古帝国大汗(皇帝)，统一了蒙古各部落。在位期间，征服地域西达黑海海滨。

　　D　由于计算机和网络技术的发展，信用卡消费早已成为发达国家最普遍的消费方式，如今在中国也流行起来了。

60．A　导致疟疾肆虐的主要原因是今年的雨量大，其次是患者没有及时到医疗卫生中心接受治疗。

　　B　海派作品很重视通俗性与趣味性，内容多靠近市民生活，形式多样，且生动活泼，很容易被市民接受。

　　C　在许多国家不事先打电话预约，不能去别人家拜访，即使老朋友也不例外，否则被以为太冒失，不礼貌。

　　D　中国甘肃省玉门市发现的40多具鸟类化石，现被证实是现代鸟类的祖先。这种早期鸟类被称为"玉门鸟"，它将填补鸟类进化史上的空缺。

第 二 部 分

第61－70题：选词填空。

61. 专家指出，室内养花，应选择一些能______有毒气体、能净化空气或杀菌的花。例如，月季、玫瑰等能______出具有杀菌作用的挥发油，美人焦、金银花等对氟有______的吸收作用。

	A	吸取	挥发	热烈	B	吸收	散发	强烈
	C	吸进	发挥	刚强	D	呼吸	出来	热情

62. 人与人交往，常常是意志力与意志力的______。不是你影响他，______他影响你，而我们要想成功，一定要______自己的影响力，影响力越大成为强者的可能性也越大。

	A	比试	还是	形成	B	比较	或者	养成
	C	较量	就是	培养	D	实行	而是	成为

63. 我们在选择中______，在选择中走向未来。每一次的选择，______我们的或是幸运、成功，或是痛苦、懊悔……因此在选择时，应该______。

	A	成长	留给	慎重	B	生长	发给	小心
	C	长大	交给	稳重	D	习惯	卖给	安心

64. 当今社会，从成人到孩子，从男性到女性，从高层到底层，都要面对来自社会发展所______的各种压力，心理健康问题已经______到社会的各个阶层。据世界卫生组织______，完全没有______健康问题的人只占9.5%。

	A	导致	发展	了解	精神
	B	影响	伸展	报道	心情
	C	拿来	延伸	计算	管理
	D	带来	蔓延	统计	心理

65. 八小时睡觉，八小时工作，这个人人都一样。人与人之间的不同，是在于业余时间怎么度过。时间最______，也最无情，每个人______的都一样，非常公平。白天图______，晚上求发展，这是二十一世纪对人才的______。

	A	B	C	D
A	温暖	保持	工作	规则
B	友情	具有	生活	需要
C	有情	拥有	生存	要求
D	热情	所有	存活	需求

66. 中国人在最初发现茶的时候，是把它当作一种药物来______的，后来才作为一种饮料______开来。近些年来，经过科学家的______研究，发现茶叶中含有多种对人体有益的物质。经常喝茶，特别是喝绿茶，可以______癌症；经常喝乌龙茶则是减肥的一个好办法。

	A	B	C	D
A	利用	流入	深刻	阻止
B	使用	流传	深入	防治
C	活用	流行	严格	解除
D	运用	遗传	深切	消除

67. 在金色童年的记忆中，有像浮萍一样从我______中飘过；有像树根一样______扎在我心中；有像流水一样从我脚下______；______一件事就像一颗小珍珠似的嵌在我心中，怎么也抹不去。

	A	B	C	D
A	脑子	重要	快走	唯独
B	脑海	深深	流走	唯有
C	脑袋	浅浅	溜走	唯一
D	思维	慢慢	放走	只是

68. 北极的冰河和冰层的______会对北极熊、海豹、虎鲸等以北极为家的动物的生存带来可怕的后果。而随着这些动物受到影响，居住在北极地区的以______这些动物为生的土著部落也将受到影响。影响还远远______这些，融化的冰水会使全球海平面上升，人口______的沿海地区将被淹没。

	A	B	C	D
A	溶解	杀死	不仅	集合
B	融合	打猎	不足	集中
C	融化	捕猎	不止	密集
D	化解	抓获	不但	汇合

69．尽管你心中是那么不_______、那么舍不得，但舍弃却像吃饭穿衣一样必不可少。舍弃，不等同于放弃，它需要你去勇敢地接受事实，放弃那些_______的抗争，放弃那些琐碎的小事……然后，抬起你低垂的头，擦去眼角的泪水，______笑脸，______。

A	情愿	无谓	露出	勇往直前
B	愿意	无益	拿出	赴汤蹈火
C	甘愿	无知	说出	大刀阔斧
D	需要	没用	看出	前赴后继

70．一个人要发挥其专长，就必须_______社会环境的需要。如果_______社会环境的需要，其专长也就失去了价值。因此，我们要_______社会的需要，决定自己的行动，更好地去发挥自己的_______。

A	符合	脱手	依据	优点
B	适合	逃离	依靠	能力
C	反映	离开	投靠	专业
D	适应	脱离	根据	专长

第71－80题：选词填空。

71－75.

　　从前，有两个饥饿的人得到了一位长者的恩赐：一根鱼竿和一篓鲜活硕大的鱼。其中一个人要了一篓鱼，另一个人要了一根鱼竿，(71)＿＿＿＿＿＿＿＿＿＿。得到鱼的人用干柴搭起篝火煮起了鱼，他狼吞虎咽，还没有品出鲜鱼的肉香，转瞬间，连鱼带汤就被他吃了个精光，不久，(72)＿＿＿＿＿＿＿＿＿＿。另一个人则提着鱼竿继续忍受饥饿，一步步艰难地向海边走去，可当他看到不远处那片蔚蓝色的海洋时，他身上的最后一点力气也使完了，他也只能眼巴巴地带着无尽的遗憾离开人世。

　　有两个饥饿的人，他们同样得到了长者恩赐的一根鱼竿和一篓鱼。只是他们并没有各奔东西，而是商定共同去寻找大海，为了节省食物，(73)＿＿＿＿＿＿＿＿＿＿。他们经过长途跋涉，来到了海边，从此，两人开始了捕鱼为生的生活。几年后，他们盖起了房子，(74)＿＿＿＿＿＿＿＿ ，有了自己建造的渔船，过上了幸福安康的生活。

　　一个人只顾眼前的利益，得到的终将是短暂的欢愉；一个人目标远大，但也要面对现实。(75)＿＿＿＿＿＿＿＿＿＿，才有可能成为一个成功之人。有时候，一个简单的道理，却足以给人意味深长的生命启示。

　　A　于是他们分道扬镳了

　　B　他俩每次只煮一条鱼吃

　　C　有了各自的家庭、子女

　　D　他便饿死在空空的鱼篓旁

　　E　只有把理想和现实有机地结合起来

76-80.

　　康索老爹将草篓摊在地上，吹了几声笛子，只见一条眼镜蛇慢腾腾地爬了出来，如同一缕游动的褐色烟柱。

　　这一次康索老爹吹出的笛声十分凄凉，像是诉说往事，(76)＿＿＿＿＿＿＿＿＿＿。眼镜蛇康巴并没有像往常那样，伴着欢快的音乐起舞，而是犹豫地盯着康索老爹，然后爬出草篓，朝前爬了几丈远，回头望望康索老爹，(77)＿＿＿＿＿＿＿＿＿＿，康索老爹继续吹笛，康巴便继续往前爬，爬了几步又回过头。康索老爹说："康巴你壮年将尽，赶紧去找个意中人，享受快乐，生儿育女吧。"眼镜蛇似乎听懂了康索老爹的话，回过头向他伸了一下舌，康索老爹泪眼迷蒙，一句话也说不出来，远远地站着，向康巴挥手告别。

　　康索老爹与这条叫康巴的蛇一起生活了十年，那时候康索老爹是沙漠上孤独的流浪艺人，他与眼镜蛇康巴在骆驼丘相遇的那一天，康索兴奋得像个父亲，他抱着草篓生怕火辣辣的阳光晒坏了康巴，一路小跑回到家。(78)＿＿＿＿＿＿＿＿＿＿，只要笛声响起，便能够随之起舞。

　　眼镜蛇康巴走后，康索老爹再也没有找到新的幼年眼镜蛇，康索老爹花完了牛皮袋子里的最后一枚硬币便病倒了。他的笛声没有再吹响，巨大的孤独袭击着康索老爹。(79)＿＿＿＿＿＿＿＿＿＿，他梦见了一位美丽的姑娘，梦见自己变成了一条蛇，缠绕在姑娘的胳膊上，被姑娘的手指轻轻抚摸着。康索老爹突然觉得不孤单了，他跟姑娘在一起度过了很多美好的时光。

　　第二天朝霞满天时，(80)＿＿＿＿＿＿＿＿＿＿，他的怀里缠绕着一条蛇，这条叫康巴的蛇总是试图将老人的眼睛弄开，但是它失败了。

　　A　康索老爹面带微笑死了

　　B　又像是在为心上人送别

　　C　康巴是条聪明的眼镜蛇

　　D　有一天他唱着歌便睡着了

　　E　爬了几步又回头望望康索老爹

第81－100题：选词填空。

81－84.

　　夜晚，十字路口上静谧无比，那么你人生中的十字路口又会有谁呢？

　　人生有千千万万个十字路口，我在人生中的第一个十字路口遇到了我的亲人，因为他们在我后面默默地支持我、鼓励我，从来不因为我做错了某件事而抛弃我，而且还在我骄傲、狂躁不安的时候耐心的劝谏我；在我做错事的时候适当的严惩我，使我及时悬崖勒马；在人生的第二个十字路口，我遇见了我的老师，老师告诫我切勿走入歧途，把我培养成一个德才兼备的人；在人生的第三个十字路口，遇到的是我的友人，他们用他们的品行时时刻刻的在鞭策我，使我的品行逐渐被净化，甚至在我对人生"旅途"感到迷茫时拉了我一把，拯救了差点迷失方向的我；在人生的第四个十字路口，遇到的是我身边

的人，他们时常教导我、教育我，随时告诫我：不论在哪里，言行举止都要谦虚、诚恳，切莫轻视和小看他人；在人生的最后一个十字路口，我遇到的不是别人，而是我自己，只要没做亏心事，他就会友好地向我微笑，如果我问心有愧的话，他就会冷冷的看着我，那时我一定会不由自主地起鸡皮疙瘩。所以如果想让他天天向你微笑，那么你就得管住自己，让自己不做亏心事，否则只能十分无奈的看着他瞧不起你！

　　想在人生的道路<u>飞驰</u>起来，那么你最起码要通过上边所说的那五个十字路口，如果走错了路，交错了朋友，那你就会在漆黑的监狱度过余生，望着外面漂亮无比的世界悔恨终生。由此可见，如何抉择一个十字路口，对一个人的人生是多么重要呀！

81．　根据近上文，朋友会：

　　　A 督促我　　　　　B 鼓励我　　　　　C 劝告我　　　　　D 支持我

82．　在人生的最后一个十字路口，遇到的是：

　　　A 我　　　　　　　B 他　　　　　　　C 友人　　　　　　D 爱人

83．　在人生中，最重要的是：

　　　A 有家人的支持　　　　　　　　　　　B 有一个好朋友
　　　C 要不断地努力　　　　　　　　　　　D 如何抉择人生的十字路口

84．　最有一段中划线词语"飞驰"的意思是：

　　　A 旅游　　　　　　　　　　　　　　　B 飞走
　　　C 畅通无阻　　　　　　　　　　　　　D 时间过得很快

85-88.

　　她是一位平凡的母亲，有个4岁的女儿。像天下所有的母亲一样，她非常疼爱自己的孩子。但是厄运却在不经意间降临了，女儿突然发高烧，去了医院，被确诊为白血病。这个消息如同晴天霹雳，差点震碎了她的心。

　　事实虽然残酷，但是必须要面对。医生告诉她，移植造血干细胞是最佳选择，然而化验结果令人沮丧，她的白细胞抗原体与女儿的不合，不能移植，医院通过资料库也没有寻找到配型相合的人。她的女儿惟有进行对身体伤害极大的放疗和化疗，这几乎是一个绝望的选择，因为通过放疗和化疗治愈的几率非常低。

　　就在此时，一个陌生的女人从上海打来电话向她求助。原来，这个女人的女儿也患有白血病，需要移植造血干细胞，恰好与她配型相合。而移植手术必须在远隔千里的上海进行，而女儿正在生与死之间挣扎，她如何能丢下自己的女儿去救一个陌生人呢？连医生也不忍心劝她去上海。望着日渐憔悴的女儿，她几经犹豫，最终作出了赶赴上海的决定。

　　移植手术很顺利，那个女孩儿获救了。躺在病床上的她，想到生死未卜的女儿如坐针毡，她在医院只住了5天，还发着高烧就急忙赶回女儿身边。她想，也许与女儿相聚的日子已经不多了。

　　然而，令人意想不到的是，她的女儿最终闯过了九死一生的化疗和放疗，奇迹般地康复了，好运竟然降临到她们母女身上了。

　　后来，记者看到活泼可爱的孩子时，问这位母亲："如果女儿离你而去的话，你会后悔去上海吗？"这位母亲是这样回答的："要是每一个人都捐献出造血干细胞，就不会有无奈的悲剧发生。作为一个母亲，爱女儿是天经地义的，我一定要付出我的爱，虽然得到爱的不是我的女儿，但我付出了便会少些内疚，我只能做到这些。"

　　这个世界上付出了真爱的人都会有回报，即便不会出现奇迹，也会心安。

85．　这位母亲为什么不能给自己的女儿移植造血干细胞？

　　　A　母亲的身体太弱　　　　　　　　B　女儿不是她亲生的

　　　C　母亲的白细胞抗原体与女儿的不合　　D　女儿的病已经到了无法挽救的地步

86．　医院最后决定对4岁的女孩儿采取怎样的治疗方案？

　　　A　化疗　　　　　　　　　　　　　B　动手术

　　　C　放疗和化疗　　　　　　　　　　D　移植造血干细胞

87．　这位母亲丢下病中的女儿去上海的原因是：

　　　A　为借钱　　　　　　　　　　　　B　为治疗母亲的病

　　　C　为女儿寻找造血干细胞　　　　　D　为给别人捐献造血干细胞

88．　这篇文章的题目应该是：

　　　A　只为了心安　　　　　　　　　　B　伟大的母爱

　　　C　好人都没有好报　　　　　　　　D　一个白血病患者

89－92.

　　半山小学有9个老师，天天吃饭、上课、晒太阳，端着水杯看报纸、聊天，日子本来过得很平静。上级见半山小学9个老师教5个班，心血来潮让他们请个代课老师，每月只有300块钱，寒暑假不拿工资，300块钱一个月，鬼才来。9个老师月月八九百，都不够用。但真有人来，叫阿梅，她家里穷，还带着孩子，9个人都笑。据说阿梅只读到初二，9个人又笑。看这教育局弄的，300块钱，不如每个人多上两节课。但想归想，谁也没明说。谁肯为300块钱折腰呢？分到手里，也只抵个烟钱。可拿300块钱工资的阿梅，说来就来了，正儿八经地上课、改作业、管学生，和拿900块钱工资的老师平起平坐。

　　自从阿梅来到半山小学以后，9个教师的日子开始不平静起来了。因为只读过初二的阿梅教书仿佛是博士后，300块钱像拿了3000块。学生都围着阿梅转，一个个笑得小太阳似的，成绩提高得非常快。9个科班出身的老师彼此照面，都有点儿说不出的尴尬。

　　好在这样的日子只过了半年，上面分来一个大学生，把阿梅给挤走了。学生昏天黑地地哭，9个老师莫名其妙地笑。大学生工资一千多块钱，但他还是不满意，天天阴着脸上课，有时干脆不上课。学生听他上课如听天书，都想着阿梅老师，成绩像割韭菜花似的，一茬一茬地倒。这个大学生也不知怎么找到阿梅，让阿梅替他上课，把工资都给她，他自己，却跑到广东去了。

　　阿梅最后只拿了700块，还是大学生坚持给的，剩下的，都归了学校的小金库，小金库只有9个老师的份儿，阿梅是排除在外的。那个连小学生都教不好的大学生进了一家公司，据说一个月工资五千多块。9个老师心理极其不平衡，他们联名写信，反映大学生擅自离岗的事情，强烈要求教育局作出处理。可是那个大学生根本不想回来，教育局只好将他除了名。发生这样的事，教育局对半山小学大为恼火，认为花300块钱请一个代课老师根本没有必要，所以阿梅只好第二次离开了她所喜欢的讲台。一个月拿一千多块钱工资的大学生没了，小金库没了，阿梅也走了，9个老师又回到先前的日子。但奇怪的是，9个老师的心情出奇的好，半山小学又恢复了往日的平静。

89．半山小学一共有几个班？

　　A 4个　　　　　　　B 5个　　　　　　　C 6个　　　　　　　D 7个

90．起初9个老师为什么嘲笑阿梅？

　　A 初中也没毕业　　　　　　　　B 因为阿梅很傻

　　C 因为阿梅很有钱　　　　　　　D 因为阿梅带着孩子上课

91．替大学生上课的时候，阿梅一个月拿:

　　A 300元　　　　　　B 700元　　　　　　C 900元　　　　　　D 1000元

92．关于阿梅，我们可以知道什么？

　　A 只喜欢钱　　　　　　　　　　B 不喜欢孩子

　　C 是一个非常敬业的人　　　　　D 曾被学校开除过很多次

93-96.

在欧洲地中海生活着一种鱼，它色彩艳丽，脊背是紫红色的，胸部和腹部的鱼鳍是蛋黄色的，背鳍是灰黄色的，尾部镶白色的边，就像鹦鹉那样漂亮，所以人们叫鹦鹉鱼。

罗马和古希腊人特别器重这种鱼，把它当作珍品，这倒不是因为鹦鹉鱼长得漂亮，而是它们团结互助的精神。研究这种鱼的学者发现，如果鹦鹉鱼一旦不幸碰上了鱼钩，它的伙伴会很快赶来帮忙，咬断钓鱼线，从危险中救出同伴。如果有的被鱼筐围住了，别的伙伴就会用牙齿咬住它的尾巴，拼命从筐缝中把它拉出来，所以，一般的渔民很难捕获到这种鱼。

虽然鹦鹉鱼能够互相帮助，一般的危险奈何不了它们，可是，这并不等于鹦鹉鱼永远没有危险。因为鹦鹉鱼很怕死，常常在没有危险的时候也忧虑忡忡，它们想，白天遇到危险，有同伴来救助，如果晚上同伴们都睡着了，谁来救自己呢？于是，鹦鹉鱼们想出了一个办法，它们每天傍晚都会给自己织一件睡衣穿，这样便确保了晚上的安全。

她们织睡衣的方法像蚕吐丝作茧似的，从嘴里吐出白色的丝，利用它的腹鳍和尾鳍，经过一两个小时就能从头到尾织成一个囫囵的壳，这就是它们的睡衣。每天晚上，它们睡在自己编织的睡衣里，确实能够防御敌人的侵害，并能安安静静地睡一晚。可是它们的睡衣织得太坚固了，第二天早晨要费很大力气才能把睡衣弄破，从里面钻出来，到了晚上，鹦鹉鱼再织一件新的睡衣穿在身上。

有时候，鹦鹉鱼生病了，晚上躺在睡衣里，早晨想出来的时候，因为没有足够的力气钻破睡衣，这就麻烦了，时间一长它必死无疑。因为，鹦鹉鱼从不救助困在睡衣里的同伴，它们会认为同伴还在睡觉，不便打扰。

所以，对于鹦鹉鱼来说，最大的危险不是来自外界的伤害，而是来自作茧自缚的自残。人类也拥有与鹦鹉鱼相似的一件睡衣，我们从来不缺乏互相帮助的精神，但却逃不脱作茧自缚的危险。

93. 罗马和古希腊人特别器重鹦鹉鱼的原因是：

    A 可以卖高价　　　　　　　　　B 有很高的营养价值

    C 因为鹦鹉鱼长得漂亮　　　　　D 他们互相帮助，而又非常团结

94. 鹦鹉鱼遇到危险的时候：

    A 向同伴求助　　　　　　　　　B 自己咬断钓鱼线

    C 拼命从筐缝中逃脱　　　　　　D 它们的伙伴会来救它们的

95. 鹦鹉鱼用什么编织睡衣？

    A 草　　　　　　　　　　　　　B 蚕丝

    C 海藻　　　　　　　　　　　　D 从自己嘴里吐出的丝

96. 鹦鹉鱼最大的危险是来自：

    A 同伴　　　　　　　　　　　　B 外界的伤害

    C 环境的污染　　　　　　　　　D 为自己编织的睡衣

97-100.

夏威夷是世界上最热的旅游胜地，但鼠疫成灾，给人们造成很大的麻烦，最糟的是它们严重破坏了夏威夷的制糖工业。

贾斯麻博士向政府当局提议说："我们过去采取的灭鼠方法，花钱多、效果差，现在应该换个方法。对自然的问题，应该用自然的方法。""什么方法呢？"有人问："我们可以给老鼠找个天敌。老鼠的天敌是什么呢？""猫！""对，不管黑猫白猫，抓到老鼠就是好猫。但一般的猫是我们要的好猫吗？""猫还有区别吗？""造成我们痛苦的老鼠，是在一般人家里吗？""不，是在甘蔗田里的老鼠。""这就对了，现在的猫都靠人养，只吃罐头，都懒得抓老鼠，这样的猫怎么可能对付得了田里那些狡猾的老鼠呢？""那怎么办？""所以我们要找到比猫更强的天敌，这个天敌要符合下面的条件：够凶，够猛，适应能力强，繁殖速度快，最重要的，它要喜欢吃老鼠。""去哪里找这样的动物？""各位，我已经找到了。"说着，贾斯麻拍拍手，助理提着一个大笼子走了进来，"就是它！""这是什么东西啊？""它叫黄狼，眼镜蛇

都不是它的对手，杀老鼠就更不用说了。"

于是，大批的黄狼被送到夏威夷各岛去放生。大家都想，老鼠这下死定了，结果呢？老鼠不但没死，黄狼变成了一个更让人头疼的问题。怎么回事？原来老鼠是夜行动物，晚上出来活动；而黄狼却是日行动物，白天出来打猎，晚上呼呼大睡。它们虽是天敌，但就是碰不到一块儿。

黄狼在夏威夷，不抓老鼠，反而却吃掉了当地的一些野生鸡种和野生鸟类，许多动物面临绝种的危机。

97．鼠疫给夏威夷带来的最大危害是：

    A　农作物歉收　　　　　　　　　　B　人们患上了各种疾病

    C　破坏了夏威夷的制糖业　　　　　D　妨碍了旅游事业的发展

98．关于贾斯麻博士，我们可以知道什么？

    A　很有创意　　　　　　　　　　　B　是一个实干家

    C　只懂理论，不懂实践　　　　　　D　提出了一个很好的建议

99．黄狼给夏威夷带来了：

    A　很多好处　　　　　　　　　　　B　很多游客

    C　更大的麻烦　　　　　　　　　　D　很多稀有动物

100．为什么黄狼和老鼠碰不到一块儿？

    A　老鼠太狡猾　　　　　　　　　　B　黄狼太愚蠢

    C　生活习惯不同　　　　　　　　　D　生活的区域不同

三、书　写

第101：缩写。

　　(1) 仔细阅读下面这篇文章，时间为10分钟，阅读时不能抄写、记录。
　　(2) 10分钟后，监考收回阅读材料，请你将这篇文章缩写成一篇短文，时间为35分钟。
　　(3) 标题自拟。只需复述文章内容，不需加入自己的观点。
　　(4) 字数为400左右。
　　(5) 请把作文直接写在答题卡上。

　　一个农民，初中只读了两年，家里就没钱继续供他上学了。他辍学回家，帮父亲耕种三亩薄田。在他十九岁时，父亲去世了，家庭的重担全部压在了他的肩上。他要照顾身体虚弱的母亲，还有一位瘫痪在床的祖母。

　　八十年代，农田承包到户。他把一块儿水田挖成水塘，想养鱼，乡里的干部告诉他，水田不能养鱼，只能种庄稼，他只好把水塘填平。这件事成了一个笑话，在别人的眼里，他是一个想发财但又非常愚蠢的人。

　　听说养鸡能赚钱，他向亲戚借了三千元钱，养起了鸡，但是一场洪水后，鸡得了鸡瘟，几天内全都死光了。三千元对别人来说可能不算什么，对一个只靠三亩薄田生活的家庭而言，却是一个非常大的数目。他母亲受不了这个刺激，竟然忧郁而死。

　　后来他酿过酒，捕过鱼，甚至还在石矿的悬崖上帮人打过炮眼……可都没有赚到钱。

　　35岁的时候，他还没有娶到媳妇，即使是离异的有孩子的女人也看不上他，因为他只有一间土屋，随时有可能在一场大雨后倒塌。娶不上老婆的男人，在农村是没有人看得起的。

　　但他还想搏一搏，就四处借钱买了一辆手扶拖拉机，不料，上路不到半个月，这辆拖拉机就载着他冲入一条河里，他断了一条腿，成了瘸子。而那台拖拉机已经支离破碎，他只能拆开它，当作废铁卖。

　　几乎所有的人都说他这辈子完了。

　　但是后来他却成了我所在的这个城市里的一家公司的老总，手中有两亿元的资产。现在，许多人都知道他苦难的过去和富有传奇色彩的创业经历。许多媒体采访过他，许多报告文学描述过他，但我只记得这样一个情节。

　　记者问他："在苦难的日子里，你凭什么一次又一次毫不退缩？"

　　他坐在宽大豪华的办公桌后面，喝完了手里的一杯水。然后，他把玻璃杯子握在手里，反问记者："如果我松手，这个杯子会怎样?"

　　记者说："摔在地上，会碎的。"他手一松，杯子掉到地上发出清脆的声音，但并没有破碎，而是完好无损。他说："即使有10个人在场，他们都会认为这个杯子必碎无疑。但是，这个杯子不是普通的玻璃杯，而是用玻璃钢制作的。"于是，我记住了这段经典绝妙的对话。这样的人，即使只有一口气，他也会努力去拉住成功的手，除非上苍剥夺了他的生命……

HSK 6급 듣기 대본 & 정답
1회

第一套模拟试题答案

一、听力

第一部分

1. C	2. A	3. C	4. C	5. D
6. C	7. B	8. D	9. A	10. C
11. C	12. D	13. C	14. A	15. B

第二部分

16. D	17. B	18. D	19. B	20. D
21. D	22. C	23. B	24. C	25. A
26. A	27. D	28. A	29. C	30. B

第三部分

31. C	32. B	33. B	34. B	35. D
36. D	37. C	38. C	39. A	40. C
41. D	42. C	43. B	44. A	45. D
46. C	47. B	48. D	49. D	50. D

二、阅读

第一部分

51. B	52. C	53. C	54. A	55. D
56. B	57. D	58. C	59. D	60. A

第二部分

61. A	62. B	63. C	64. D	65. B
66. C	67. D	68. A	69. B	70. A

第三部分

71. C	72. D	73. A	74. B	75. E
76. E	77. A	78. D	79. C	80. B

第四部分

81. B	82. D	83. A	84. B	85. B

86．C	87．D	88．B	89．D	90．D
91．A	92．C	93．B	94．C	95．A
96．B	97．C	98．D	99．A	100．A

三、书写

101.

爸爸的秘密

　　爸爸每天都是按时起床，锻炼、买菜、买早点，六点准时回家。不过这两天，他总是晚半小时才回家。我有点儿好奇，问爸爸，可爸爸说是秘密。

　　爸爸越不说，我越觉得纳闷，于是我一大早骑着自行车偷偷跟踪爸爸，左绕右绕，终于跟到一个非常简陋的房子前边。不一会儿，爸爸从屋子里推着轮椅缓慢地走了出来，我定睛一看，是奶奶。噢，原来爸爸晚半小时回家，是陪奶奶说话呀。我这才回想起往事来，五年前，奶奶因病走不了路，所以爸爸把奶奶接到了我家，不过我妈妈嫌奶奶走不了路，不好照顾，想让奶奶再回到老家，但爸爸不同意，这样我爸我妈天天吵，奶奶实在呆不下去了，就一个人走了。之后，我没听爸妈说起过。

　　回过神来再一看，爸爸跪在奶奶面前，说："儿子不孝，让您受苦了。"听到这儿，我也跪在奶奶面前说，以后我也和爸爸一起来陪奶奶说话。这时奶奶热泪盈眶，说不出话来。

　　就这样，爸爸的秘密终于让我揭开了，从那之后我不再贪睡了，每天早早就起床，跟着爸爸同出同进。

第一套模拟试题听力材料

第 一 部 分

第1－15题: 请选出与所听内容一致的一项。

1．一天爸爸带着小儿子气喘吁吁地爬到山顶，激动地对儿子说："你看，我们脚下的风景多美啊！"儿子不解地问："爸爸，既然下面的风景那么好，那我们为什么要花三个小时爬到山顶上来呢？"

2．"患难之交"是指在逆境时结交的朋友。人生最大的幸福莫过于有几个心地善良、以诚相待的好朋友。好朋友在你成功时会真心祝福你，与你分享喜悦；在你有困难时会无私帮助你。

3．在看日本动画片《聪明的一休》时，爸爸问10岁的儿子："你说一休为什么会那么聪明呢？"儿子说："因为他没有头发呀！"爸爸又问："头发与智慧有什么关系呢？"儿子回答："你不是说妈妈头发长见识短嘛！"

4．相声是一种民间说唱曲艺，主要采用口头方式表演，是扎根于民间、源于生活、又深受群众欢迎的曲艺表演艺术形式。说、学、逗、唱是相声演员的四大基本功。相声按其内容可分为讽刺型、歌颂型和娱乐型。

5．网络情人节是广大网民发起的一个网络节日，定在每年的5月20日，取520的谐音"我爱你"之意。追捧网络情人节的人群，年龄段一般是在20到30岁之间，网络情人节意在提供一个健康的网络文化。

6．人非圣贤，孰能无过？在漫长的人生旅途中，犯错误是在所难免的，当你犯了错误之后，应该怎样去对待它呢？能够做到有错就改，不仅不会受到嘲笑，反而会得到人们的尊敬。

7．最近几年"房奴"一词开始流行起来了，房奴就是房屋的奴隶。它是指人们贷款买房，在生命黄金时期中的20到30年，每月还贷，从而造成人们家庭生活的长期压力，影响正常消费，使得家庭生活质量下降，甚至会让人感到奴役般的压抑。

8． 农历正月十五元宵节，又称为"上元节"，是中国传统节日，是春节之后的第一个
重要节日。元宵节的习俗在全国各地不尽相同，其中吃元宵、赏花灯、舞龙、舞狮
子等是元宵节几项重要的民间习俗。

9． 一个女人向自己的朋友抱怨她的丈夫老是拿了东西之后，不放回原处。她的朋友说
道："我和丈夫结婚后的第一个星期，我就告诉他：你自己用过的每一个杯子和碟
子，都要把它洗干净，然后放回原处。""结果如何？"女人问道。她的朋友说：
"从那以后，我就再也没有见到过他。"

10． 民族团结柱是2009年中华人民共和国建国60周年国庆的庆典背景之一。每根团结柱
正面分别画着身着节日盛装的一男一女载歌载舞的图案，背面为该民族的吉祥图案
和民族名称。56根团结柱寓意着平等、团结、和谐的56个民族。

11． 一项调查显示，孩子们在父母的强迫下，即便拿起手中的乐器，也不意味着他们真
想演奏乐器，他们演奏乐器是为了不想让父母失望。家长给孩子过多压力的话，会
对孩子产生负面影响，相反拥有更多自主选择权的孩子，更容易积极地参与到音乐
活动中，演奏乐器时所产生的激情更为和谐。

12． 光年，是指光在一年时间中行走的距离。在生活中，我们一般都用厘米、米、千米
作为计算长度的单位。然而人们发现光的速度非常快，1秒钟大约可以走30万千
米，因此，光年成为了天文学上一个专用的计算距离的基本单位。

13． 蹦极是一项户外休闲活动。跳跃者站在约40米以上的位置上，用橡皮绳将双脚绑
住，然后跳下去。橡皮绳会反复弹起落下，重复多次直到弹性消失。许多年轻人喜
欢追求刺激，所以非常喜欢蹦极。

14． "2009年中国未成年人互联网运用状况调查"报告显示，四成中学生认为玩儿网络
游戏可以缓解压力。从调查数据不难看出学生承受的压力较大，这种压力可能主要
来自学业竞争和家庭的期待，如果压力得不到释放和缓解，将会成为中学生学习和
生活中的一大问题。

15． "非典"期间，著名的传染病专家姜素椿，为了早日找到预防"非典"的方法，他
冒着生命危险，把"非典"康复者的血清注入自己的体内做实验，当别人为此震惊
的时候，姜素椿却说："我已经83岁了，而且是癌症晚期，最后为人民做点有意义
的事，也是值得的。"

第 二 部 分

第16–30题: 请选出正确答案。

第 16 到 20 题是根据下面一段采访:

男： 大家好! 职业成功和履行母亲责任，始终是困扰职业女性的重要问题。今天我们就来讨论一下这个问题。欢迎心理学家广梅芳女士，您好! 您认为职业成功和履行母亲责任之间的矛盾究竟是什么呢?

女： 两者之间的矛盾多半源自人们的错觉，就是"同时"要把两个角色做到"完美"，其实所谓的"完美"，并不能让自己真正幸福。人们总是因为周围人的期待和影响，而去追求根本不需要的完美，再加上想要"同时"达到这两个目标，只好在有限的时间和精力中矛盾和挣扎了。

男： 我们应当如何平衡这两者之间的矛盾?

女： 首先，要根据自己的现状，定下现阶段的几个重要目标，排出优先等级和比重的大小，然后依次履行。其次，每天要留出一点时间和家人交流，且要重"质"，而不重"量"。即使是短短的10分钟，也可以温暖彼此的心，达到沟通的目的。第三，拥有工作和家庭之外的社交圈。它可以给你提供一个喘息的空间，暂时抛开工作头衔和妈妈的角色，找一群乐观积极的朋友畅所欲言，这样不仅可以调剂身心，还可以使你的生活更有活力。

男： 那工作中的母亲们应如何面对自己无休止的负罪感呢?

女： 当母亲因家庭和工作的矛盾产生负罪感，甚至引发心理上的不适时，接受心理治疗可以理清你的思绪，进而消除不必要的负罪感。

男： 那你觉得放弃工作，做全职太太怎么样?

女： 心理学研究指出，职业女性要比全职太太更为健康和快乐。这是因为身兼数职，可以在不同的角色中获得不同的成就感，所以不要因为同时拥有几种身份担心样样不精而产生负罪感，也没有必要在工作与生活两者之中进行取舍。因为这些身份是可以共存的，有快乐的妈妈才会有快乐的家庭。

16． 女的认为是什么造成了职业成功和履行母亲责任之间的矛盾?

17． 下列哪项不能平衡工作和家庭之间的矛盾?

18． 女的建议每天和家人交流的原则是什么?

19． 女的认为工作中的母亲应该怎样调整心理上的负罪感?

20． 女的为什么觉得身兼数职的妇女更快乐?

第 21 到 25 题是根据下面一段采访：

女：　姚明先生，您好！谢谢您在百忙中抽出时间接受我们的采访。在NBA所有球员中，
　　　你的身高排名第二，你个子这么高，在生活中有没有什么不方便的地方？
男：　生活中的不方便我倒觉得无所谓，可是上小学的时候，同学们都叫我"傻大个
　　　儿"，倒让我觉得有点儿受不了。
女：　那你觉得自尊心受到伤害了吗？
男：　还好，上初中的时候，我进入了体校，有一帮和我差不多的"傻大个儿"。
女：　你怎么解释中美两国篮球运动员之间的水平差距？
男：　我认为差距主要体现在训练上。就拿一个罚球动作来说吧，我们国内球员的罚球动
　　　作不是那么标准。到了美国，我投篮的时候，教练几乎是拿着尺子来测量我胳膊肘
　　　儿角度的。就是说，他们的要求非常严格，动作抠得非常细。还比如你站的位置，
　　　上下差一厘米都不行。
女：　其实赛场上也有一种文化上的差异，比如有人说，在中国CBA赛场上，大家并不是
　　　那么踊跃地去扣篮，因为觉得这可能有点过于炫耀。但在NBA的赛场上，这个不仅
　　　是一个值得夸耀的技术，而且也是成为明星球员的一个重要组成部分。你怎么看待
　　　这样的区别？
男：　首先得承认确实有你说的那种文化上的差异。美国人是很张扬的，能扣的球他一定
　　　会扣。在中国的赛场上，其实运动员们非常想扣篮，但有的怕扣不进去丢脸，有的
　　　怕受伤，所以索性就不扣了。
女：　你在比较困难或者说心理上需要安慰的时候，你父母给了你怎样的影响？好像你母
　　　亲对你的影响更多一些，是吗？
男：　对，我母亲是非常要强的。不管我遇到了挫折还是获得了胜利，她为我准备的东西
　　　都是一样的：一个温馨的家，一顿可口的饭菜，一张温暖的床铺。所以我也就养成
　　　了一种习惯，无论遇到困难还是取得胜利，一会儿就过去了，就是这样。

21．小时候别人怎样称呼男的？
22．男的为什么没觉得自尊心受到伤害？
23．男的认为中美篮球运动的水平差距在哪儿？
24．男的怎样看待中国赛场上扣篮比NBA赛场上少？
25．男的怎样评价自己的母亲？

第 26 到 30 题是根据下面一段采访:

女：　观众朋友们，大家好！欢迎著名影星李连杰做客我们的节目。你好！李连杰，拍
　　　《霍元甲》的时候，你说那是你的收山之作，但后来又有了《恶人》、《投名状》
　　　等几部电影，你作何解释呢？

男：　我觉得可能是理解上不同吧。我从6岁开始就练了武术，拍电影时发现中国传统文
　　　化武术可以通过电影传播出去，所以我就把它作为我的一个奋斗理念，为这个理念
　　　一直不断地努力和奋斗。当我拍摄完《霍元甲》时，我想为我的演艺生涯划一个句
　　　号，因为我觉得人到了40岁需要一个转折。

女：　"四十而不惑"，是这样吗？

男：　可以这么说。我要把包袱都放下，选择一部电影，把我对武术的定义，从肢体上、
　　　技术上，和为什么练武术、人是什么、道德是什么、一个真正的武术最高境界是什
　　　么，通过一部电影描述出来。因为那时候，我已经给自己的下半生定了一个新的目
　　　标。

女：　什么目标呢？

男：　我觉得武术不仅可以强身健体，还可以从中学到很多做人的道理，所以在以后的日
　　　子里我想做一个快乐大使。因为我觉得人不仅要肢体健全、身体健康，还要有一个
　　　健康快乐的精神世界。

女：　什么事情让你在40岁的时候就能够想通了这些？

男：　其实真正开始思考是在我36岁的时候，那是1997年。

女：　当时发生了什么事？

男：　没有发生什么特别的事。只是当时身边的一些亿万富翁，甚至于百亿富翁，当他们
　　　已经名利双收的时候，我看到他们仍然有忧虑，仍然会不开心。慢慢地我发现这仅
　　　仅是一个量的区别，本质上并没有什么变化。就是说一个普通人，可能为一个月几
　　　千块的生活费而担忧；而那些富翁可能为几万或者几百万在担忧，他们的本质都是
　　　一样的，他们都需要找到能让自己快乐的方法。所以我认为对于一个人来说，内心
　　　和精神上的快乐是任何事物无法比拟的。

26．　男人的奋斗目标是什么？

27．　男的认为除了健康的身体以外，还应该要有什么？

28．　男的是从什么时候开始真正思考后半生的人生目标的？

29．　在人生的转折时期男的是什么心态？

30．　关于男的，下列哪项是正确的？

第 三 部 分

第31－50题: 请选出正确答案。

第 31 到 33 题是根据下面一段话:

　　有一位老人在临死前将孩子叫到床前说："祖先在我们家的土地里埋藏了很多财宝，但我不知道具体在哪儿，每年秋收后我都要将地从头到尾翻一遍，到现在还没有发现，你要继续找下去。"老人说完就去世了。

　　孩子在每年秋收后都按父亲的嘱咐到地里去找，可是他一直没找到父亲说的财宝，但是他每年的收成都比其他人好。过了很多年以后，他逐渐明白了父亲的用意：父亲是想让他每年都坚持翻地，那样每年都会有好收成，就会衣食不愁，这就是父亲所说的财宝。

31．　老人叫孩子做什么事？

32．　孩子为什么没有找到财宝？

33．　父亲让孩子翻地的目的是什么？

第 34 到 36 题是根据下面一段话:

　　皮鞋匠阿当非常喜欢唱歌，每天他都一边工作一边唱歌，他的歌声不仅带给自己无尽的快乐，同时也让街上的人觉得心情舒畅，人们听着阿当的歌声，干起活儿来都觉得十分来劲儿。

　　住在这里的一位富人不喜欢听歌曲，终于有一天他再也受不了阿当的歌声了，就找到阿当，送给他一百两金子，请他别再唱歌了。阿当修一辈子鞋也赚不了这么多钱，于是就答应了。可是他回去后就觉得把这些钱放在哪里都不放心，第二天工作时都在想着这件事，于是他把那一百两金子退还给了富人。

　　富人不明所以，阿当解释说："我不愿意为了一百两金子而失去快乐的生活。"

34．　富人为什么要给阿当一百两金子？

35．　关于阿当接受富人的钱，下列哪项是正确的？

36．　阿当为什么把钱又退还给了富人？

第 37 到 39 题是根据下面一段话：

　　自卑是一种消极的自我评价或自我意识，是对自己能力和品质评价偏低的一种消极情感。主要表现为对自己的能力、学识、品质等方面评价过低，心理承受能力脆弱，所以他们往往经不起较强的刺激，容易多愁善感，以至于常常产生猜疑心理。

　　自卑的对立面是自信，自信就是自己信得过自己，自己看得起自己。面对自卑我们要学会欣赏自己、表扬自己，把自己的优点、长处、成绩、满意的事情，统统找出来，在心中"炫耀"一番，反复刺激和暗示自己"我可以"，"我能行"，"我真棒"，这样就能逐步摆脱自卑的困扰了。

37． 自卑是怎样产生的？
38． 关于"自卑"，下列哪项是正确的？
39． 怎样才能克服自卑？

第 40 到 42 题是根据下面一段话：

　　一位万米长跑亚军在接受记者采访时说："如果比赛只有九千米那该有多好啊！因为那时候我一直在领先。"前九千米是争夺冠军，最后一千米才是产生冠军的黄金距离。体育比赛如此，我们的生活亦如此。

　　成败胜负的关键往往取决于最后时刻的努力与否。开始时人们都站在同一条起跑线上，但最终奔跑的结果却是有先有后，有喜有悲，两者之间的差距就在于最后的冲刺阶段。许多人觉得就要到达终点了，顿时松懈下来，因此在最后冲刺时输给了对方，从而失去了就要到手的胜利。如果将为达到某个目标而努力的过程划分为十等份的话，我们一定要把握住最后的十分之一，因为前面的十分之九都是在聚积火焰，最后的十分之一才是释放光芒。

40． 一万米长跑时成败的关键是什么？
41． 为什么有人开始领先，最后却没有成功？
42． 为达到某个目标而努力的过程中，最重要的是哪个阶段？

第 43 到 46 题是根据下面一段话：

　　在人生道路上，难免会遇到充满变数的事情，事与愿违的事情比比皆是。中国有句俗话叫"谋事在人，成事在天"。这个"天"显然包含客观环境的因素，甚至是"运气"，这些是主观意志改变不了的。人们都希望好运能降临到自己的头上，可问题在于命运有时好像在跟你开玩笑，硬是不让你得到想要的结果，甚至还给你制造些麻烦。譬如，参加考试，你仅以一分之差落榜；相恋多年的女友，马上就要跟你步入结婚礼堂时，她却投入别人的怀抱；人家偶尔买一次彩票，便中了大奖，自己投入了几千甚至上万元，却一无所获。面对这些，我们要学会承受，只要自己努力了，奋斗了，就应当知足，不必把自己的成与败、得与失、荣与辱看得过重。

　　现代社会竞争激烈，不顺心的、不满意的事时有发生。人们在不幸面前应该保持精神和身体的正常运作，在无法改变的客观事实面前，及时调整心态，"拿得起，放得下，想得开"，理智而又从容地寻找另一条出路。

43．　"谋事在人，成事在天"中的"天"是指什么？

44．　面对人生的不如意，我们应该持怎样的心态？

45．　如何正确看待成败得失？

46　　我们应该怎样面对无法改变的不幸？

第 47 到 50 题是根据下面一段话：

　　健康是指一个人在身体、精神和社会交际等方面都处于良好的状态。传统的健康观是"无病即健康"，现代人的健康观是整体健康，也就是说健康不仅仅是身体上的健康，还有心理上的健康。

　　随着经济的高速发展，生活节奏的不断加快，太累、太疲劳已是人们日常生活中的"流行词"了。心理疲劳正在成为现代社会、现代人的"隐形杀手"。

　　心理疲劳是由长期的精神压力、反复的心理刺激及复杂的恶劣情绪逐渐影响而形成的，如果得不到及时的疏导和化解，长年累月，在心理上会造成心理障碍和心理危机，甚至会造成精神失常。因此，心理疲劳不可忽视，一旦因心理压力大而感到疲惫不堪时，要尽快调整心理状态，并接受心理治疗。

　　首先，要找出导致心理压力的原因。当你人际关系紧张、工作不顺利、身处逆境时，要尽可能先将那些恼人的事丢开，等心理状态恢复之后再考虑对策。

　　其次，要学会自我调节。平时要养成开朗、乐观的性格，遇到困难要有信心，这样才能避免由于生闷气、无端的发怒而引起心理疲劳。

　　第三，避免不必要的心理浪费。生活中不尽人意的事很多，我们要积极面对它，应该避免那些无休止的、不切实际的幻想，这是节省心理能量的最佳方法。

47．　现代人的健康观是什么？

48．　长年心理疲劳的后果是什么？

49．　要想缓解心理疲劳，首先要做什么？

50．　如何节省心理能量？

HSK 6급 듣기 대본 & 정답
2회

第二套模拟试题答案

一、听力

第一部分

1. D	2. C	3. B	4. A	5. B
6. B	7. D	8. D	9. D	10. A
11. C	12. B	13. D	14. C	15. D

第二部分

16. D	17. A	18. C	19. A	20. D
21. B	22. D	23. D	24. B	25. B
26. A	27. C	28. C	29. C	30. B

第三部分

31. B	32. C	33. A	34. D	35. C
36. B	37. A	38. C	39. A	40. D
41. C	42. A	43. B	44. D	45. A
46. A	47. D	48. C	49. B	50. A

二、阅读

第一部分

51. A	52. B	53. D	54. C	55. D
56. A	57. D	58. A	59. B	60. C

第二部分

61. B	62. D	63. A	64. D	65. C
66. A	67. B	68. D	69. C	70. B

第三部分

71. B	72. A	73. C	74. E	75. D
76. A	77. B	78. E	79. C	80. D

第四部分

81. B	82. C	83. D	84. B	85. C

86．D	87．D	88．C	89．B	90．B
91．A	92．D	93．D	94．C	95．A
96．D	97．D	98．A	99．C	100．B

三、书写

101.

爱　心

　　他和她是在一个宴会上相识的，当宴会结束时，他邀请她一块儿去喝咖啡，出于礼貌，她答应了。

　　两个人坐在咖啡馆里，气氛很是尴尬。但是当小姐把咖啡端上来的时候，他却突然说："麻烦你拿点盐过来，我喝咖啡习惯放点盐。"她问他："你为什么要加盐呢？"他说："小时候，我住在海边，我非常想念家乡海水的咸味，所以喝咖啡时，我喜欢加盐。"

　　她突然被打动了，因为，这是她第一次听到男人在她面前说想家，她认为，想家的男人必定是顾家的男人，两个人聊了很久。再以后，两个人频繁的约会，她带他去遍了城里的每家咖啡馆，每次她都说："请拿些盐来好吗？"再后来，就像童话书里所写的那样，他们俩结了，过得非常幸福。故事似乎要结束了，如果没有那封信的话。

那封信是他临终前写给她的："还记得第一次请你喝咖啡吗？当时我很紧张，竟然对小姐说拿些盐来，其实喝咖啡时我是不加盐的。有好几次，我都想告诉你，可我怕你会生气。现在我终于不怕了，因为我就要死了。"信的内容让她吃惊，同时有一种被骗的感觉。然而，他不知道，她多想告诉他："她是多么高兴有人会这么在意她，为了她，宁愿喝加盐的咖啡……"

第二套模拟试题听力材料

第 一 部 分

第1－15题: 请选出与所听内容一致的一项。

1. 珍妮有三个孩子。一天晚上，她和最小的女儿一起看电视，电视上正在播放家庭计划的宣传短片，短片上说：两个孩子恰恰好！珍妮偷偷地看了看坐在旁边的小女儿，担心这句话可能会伤害她幼小的心灵。小女儿突然问她的妈妈："妈妈，我们家哪一个孩子是多余的？大哥还是二哥？

2. "相濡以沫"比喻一同在困难的处境里，用微薄的力量互相帮助，多用于老夫老妻之间互相关心。现在这个成语已经被广泛地运用，朋友之间和亲戚之间的互相关心也可以用"相濡以沫"来形容。

3. 母亲写信祝贺儿子订婚，信中说："亲爱的孩子，我和你父亲听到你订婚的消息非常高兴，我们焦急地等待着你们举行婚礼的那一天。"当儿子收到这封信的时候，发现信的背面有另外几句话："你妈妈找邮票去了，不要干这种蠢事！傻瓜，过单身汉的生活吧。"

4. 健康是人生的至宝，这已成为当今人类的一种共识。只要我们能够拥有健康，就是没有权杖做道具，没有财富做布景，我们仍然能够在人生的舞台上有滋有味地扮演好自己的角色。然而，我们一旦失去了健康，权势又有何用呢？人到了病入膏肓时，腰缠万贯又有何用呢？

5. 一个什么都没有的人未必不幸福，一个什么都有的人也未必就幸福，幸福其实只是一个人的感觉而已，它不取决于你拥有财富的多少。有钱就是幸福吗？我看不见得，有钱了会有有钱的烦恼。

6. 在现代社会，一个没有自信的人，很难赢得机会与成功。成功者身上总是闪烁着自信的光芒，从他们身上我们能看到坚定、坚韧和坚决，他们还将自己的信心感染给合作者和追随者，服务于共同目标。所以，美国思想家爱默生说："自信是成功的第一秘诀。"

7. 随着生活水平的日益提高，孩子们春节期间收到的压岁钱也越来越多。一些理财专家建议，家长应该帮助孩子建立理财意识，例如，可以帮孩子建立一个记账本，将每一笔支出费用记清楚，这样孩子既能养成会管钱、会花钱的好习惯，同时也能培养孩子的理财意识。

8． 现在"富二代"这个词在中国很流行，它是指出生在80年代，且继承过亿家产的富
家子弟。他们中的一些人拥有很高的学历和丰富的专业知识，继承父辈的企业后，
将企业不断发展壮大；相反有些"富二代"却不停地挥霍着父辈们的钱财，不求上
进，成为社会的寄生虫。

9． 一天，一只狼敲着兔子家的门，嘴里亲昵地说："小兔子最乖了，帮我把门开开。"
小兔子说："来啦来啦！"这时兔妈妈马上说："不许开门，外边是狼！"狼无可奈
何地叹了一口气说道："哎，骗一个女孩儿容易，骗一个女人就太难了。"

10． 面条在中国有着悠久的历史，做法也五花八门，各地都有自己的特色。比如老北京
的炸酱面，兰州的抻面和四川的担担面。营养专家建议人们最好在中午吃面条，另
外吃面条时要喝点儿面条汤，因为这样做可以帮助减少积食，避免消化不良。

11． 人的双眼大小并不完全一样。一般人都是右眼大于左眼，而且右眼的使用率比左眼
高得多。世界上大约三分之二的人主要用右眼，三分之一的人主要用左眼。主用眼
要负担百分之九十的视觉任务，另一只眼则只起辅助作用。

12． 对上班族来说，茶或咖啡是最好的提神饮料，然而它们的"功效"还不止于此。就
拿咖啡来说，适量地饮用咖啡，能使人们的头脑更清醒，注意力更集中，还能增强
幸福感和自信心。

13． 网络上流传着一份非常有趣的《吵架公约》，一些"80后"小夫妻将其作为"家庭
吵架规定"来执行。婚姻指导师表示，《吵架公约》具有实际指导意义，如果严格
遵循公约的话，吵架非但伤不了夫妻之间的感情，还会增进彼此之间的了解。

14． 国际电信联盟日前表示，全球手机用户数量2010年将达到50亿。目前，全球人口数
量大约为68亿。截至2009年底，全球手机用户数量为46亿。此外，全球手机宽带
用户为6亿，而2010年将增至10亿。

15． 许多中国人都有喝茶的习惯，待客会友也少不了茶。请别人吃饭，主人经常会客气
地说："饭菜不好，凑合吃吧"。要是请客人喝茶，主人一般不会说"茶不好，凑
合喝吧"这样的话，而是会说"这种茶不错，你尝尝"。中国人认为用好茶招待客
人，是对客人表示尊敬。

第 二 部 分

第16－30题: 请选出正确答案。

第 16 到 20 题是根据下面一段采访:

女： 今天做客我们栏目的是著名的主持人白岩松。你好！白岩松，你当了这么多年的主持人，你会用一句什么样的话来形容主持人这个行业呢？

男： 简单地说，主持人就是在电视传媒中靠出头露面和说话来挣钱的行业。

女： 你认为什么样的主持人才是最好的主持人？

男： 我曾经说过一句话，被人误解成白岩松特别自大。有人问我："你认为最好的主持人是什么样的？"我说："我希望十年后的自己是大家公认的最好的主持人。"我认为这样我就不会满足于现状，我就会继续努力下去。假如有机会我可以像球星挂靴那样有一个告别赛的话，最好的主持人就是在告别赛的时候自己去意已决，而观众却恋恋不舍。

女： 第一次被别人认出来是什么时候？还记得那时的具体情况吗？

男： 好像是在一个机场，我被人认出来了。但是他只是记得在电视里见过我，既不知道我叫什么名字，也不知道我主持什么栏目。

女： 你觉得什么时候压力最大？

男： 我有两个压力，一个是有节目做的时候的压力，另一个是没节目做的时候的压力。1997年香港回归，我负责的是驻港部队从深圳进入香港的那一段直播。在此之前我从来没做过直播，所以非常紧张，生怕自己说错。以至于当我发现自己没有出错时，兴奋得不知所措。第二个压力，是在2000年做完悉尼奥运会直播回来之后，我就离开《东方时空》那个栏目了。那时我要创办一个新栏目，叫《子夜》。我以为最多三个月就可以办成，但是过了一年栏目也没能出台，那段时间我突然觉得不知道未来在哪里。

女： 请用更加感性的态度，对喜爱你的观众说几句你想说的话。

男： 我是一个经常会被别人误解为不真诚地说谢谢的人，面对观众的时候也有这种感觉。我可能说谢谢的时候比较少，但是我相信每一次节目都是我说谢谢的机会。

16． 男的认为什么样的主持人才是最好的？
17． 男的第一次被人认出来是在哪里？
18． 男的为什么觉得没有节目做时压力大？
19． 直播香港回归，男的为什么感到紧张和恐惧？
20． 男的通过什么来表达自己对观众的谢意？

第 21 到 25 题是根据下面一段采访：

女： 欢迎花样滑冰双人滑奥运冠军赵宏博。你好！首先恭喜你和你的妻子申雪夺得了冠军，这次出征温哥华之前，你们对夺冠有多少把握？

男： 在奥运会赛场上，没有人敢说自己有把握拿冠军，也许这就是奥运会的魅力所在。我们当时想的更多的是如何去感受冬奥会，只要能把自己的水平充分地发挥出来，我们就心满意足了。

女： 在奥运会双人滑历史上，你可以说是年龄比较大的夺冠者，为此你一定付出了很多。如果可以选择的话，你会选择现在的夺冠经历，还是在二十几岁就拿到金牌后早早退役呢？

男： 虽然我们经历了很长时间的苦难，但是这种苦难是很多人体会不到的，正是这些苦难为我们的成功打下了坚实的基础，并使我们拿到了奥运会的金牌，实现了我们多年来的梦想。我们希望用我们的故事去感动更多的人，去激励他们更好地生活和工作，这是我们的价值。所以我觉得我们的夺冠经历重要的不在于时间的长短，而在于价值的体现。

女： 退役后，除了想要孩子以外，在工作上有哪些计划？

男： 继续推广和普及花样滑冰运动，让更多的人知道我们的故事。其实我们也是从零开始的，我们想让家长和孩子们知道只要坚持就可以战胜自己，就可以获得最后的胜利。我们可能会在国内举办一些花样滑冰的商业演出，此外还有当教练的计划，队里面的领导已经给我开了绿灯，可以让我回去当教练。但是现在还没有一个明确的文件下来，我想只要队里需要我，我会全力以赴的。

女： 在今年的冬奥会上，我国冰上项目的成绩非常令人瞩目，你觉得我们为什么会取得这么好的成绩？

男： 最主要的是我国的经济实力强大了。很多体育项目都要有一个强大的经济来做后盾，比如说我们这次出征配备的随队医生、营养师，以及我们花样滑冰队邀请的编导和服装设计师等都是世界顶级的。

女： 你能不能告诉我，你的下一个梦想是什么？

男： 我的下一个梦想就是培养出更多的世界冠军。

21． 在冬奥会赛场上，男的主要想的是什么？

22． 男的怎样看待自己这些年的夺冠经历？

23． 退役后，在工作上男的有什么计划？

24． 男的认为我国冰上项目取得好成绩的原因是什么？

25． 男的的下一个目标是什么？

第 26 到 30 题是根据下面一段采访：

男：　大家好！今天我们请到了心理学家李维榕女士，你好！李女士，现在人们更加关注家庭，然而想要获得家庭幸福似乎越来越难了。我们的家庭面临着什么样的新情况、新变化？

女：　简单来说，这种新变化就是家庭的多元化。除了传统的三代同堂的家庭以外，还有从原来家庭发展出去的新生家庭、离婚家庭、重组家庭、单身家庭等等。

男：　我们常看到家庭发生矛盾时，所有人都在指责对方"都是因为你……"，那么家庭问题到底是因为什么呢？

女：　家庭问题不是一个人的问题，起码是两个人的问题。每个人内心都有一个理想的家，但是家人往往没有扮演好自己的角色，总觉得是对方的错。可以说，所有家庭问题都是因为无法达到自己对家的理想状态，而感到失望的结果。

男：　为什么家庭问题这么难处理？

女：　一是时代的影响。现在的女性越来越有能力，但是对婚姻的要求往往受爱情小说、电影的影响。眼前的男人一般无法达到她们的要求，女人就想改变他们，而男人就拼命不想那么做。此外，长年积蓄的不满也会影响婚姻生活。如果夫妻之间有一宗不愉快和六宗愉快，那一宗不愉快就不重要了。但是有的夫妻，往往每一宗都是不愉快的事，因此怨气就越积越多。

男：　怎样才能让家庭变得更和睦？

女：　中国人讲"以和为贵"，可是怎样才能达到"和"？每个人都是"艺术品"，而不是半成品，人人都期望被欣赏而不愿意被雕刻。因此，夫妻之间需要互相欣赏和爱护，最忌讳彼此挑剔和苛求。无论男方或女方，都不应着意想把对方雕刻成自己心目中理想的形象。如果每个人都懂得爱是艺术眼光而不是雕刻刀的道理，彼此之间的争执也就极少发生了，和谐的家庭也就会越来越多了。总之，和睦相处，要靠彼此相互理解和沟通，只有这样，才能处理好家庭关系。

26．女的认为现代家庭的新变化体现在哪方面？
27．女的认为家庭问题的原因是什么？
28．女的认为家庭问题难以解决的原因是什么？
29．女的认为怎样才能让家变得更温馨？
30．女的把每个人比喻成了什么？

<h1 align="center">第 三 部 分</h1>

第31－50题: 请选出正确答案。

第 31 到 33 题是根据下面一段话:

　　在一座天桥上，每天都有一个瞎老头在那里乞讨，过往的行人匆匆一瞥，很少有人掏出自己的钱包，施舍给老头一点儿钱，但在街上卖茶叶蛋的老太婆却时常给瞎老头10元钱和一塑料袋包子。

　　有一天，风很大，老太婆刚刚掏出的10元钱被风刮到了一个小伙子的脚旁，小伙子却若无其事地揣进了自己的腰包，大摇大摆地下了天桥。

　　瞎老头问：“好心人，你给我的钱被风刮跑了，是吧？不过没关系，我心领了。”"我给你的钱是被风刮跑了，可有人又替我捡回来了，给。"老太婆又掏出了10元钱。

　　看到这种情景，几乎所有过往的行人都停下了脚步，大家默默地掏出钱，施舍给了那个乞丐。

31．　老太婆经常给瞎老头什么东西？

32．　老太婆为什么又掏出了10元钱？

33．　为什么周围的人也都给了瞎老头钱？

第 34 到 36 题是根据下面一段话:

　　一只鸭子顺着河流浮游，它每天都寻找河中的鱼作为食物，可是今天却十分奇怪，整整一天都没见到一条鱼。到了晚上，它累了，肚子也饿了。忽然，鸭子发现水中有一团东西一直在晃，它马上潜入水中去捉，结果一无所获。它浮上水面一看，原来那是月亮在水中的倒影，河边上的鸭子见它竟然把月亮当成鱼，都嘲笑它。受到嘲笑的鸭子觉得十分难堪，后来它看见鱼时也不敢马上去捉，等到看清时鱼早就跑了，最后它被活活饿死了。

　　这个故事告诉我们不要因为一时的挫折，就失去了勇气，因为在你失去勇气的同时也失去了自信，失去了自信就等于失去了一切。千万不要因一时受挫，而对自己的能力产生怀疑，进而形成一种压力。当你遇到挫折的时候，应该保持头脑清醒，面对现实，找出解决问题的办法。

34．　鸭子发现水中的那一团东西是什么？

35．　后来鸭子为什么不敢去捉鱼？

36．　这个故事告诉我们什么？

第 37 到 39 题是根据下面一段话:

美国明尼苏达大学心理学家威廉·弗莱对哭泣做了5年的研究，研究结果显示，一个月内，男人最多哭7次，而女人的流泪次数最多达30次。以色列特拉维夫大学进化生物学家哈森说，哭泣是一项人类高度进化的行为，和语言一样，只有人类才有真正意义上的哭泣。

人类的哭泣之所以特别，并不是因为哭喊的声音，而是因为充满感情的泪水。动物也会呜咽、呻吟和嚎叫，但绝不会动情落泪。猿类与其他动物一样，也有泪管，不过它的功能只是清洁眼部、浸润眼球。

很多人痛哭一场后，就会觉得轻松不少，科学家发现，哭泣时流下的眼泪能清除人体内的过多激素，而正是这些激素让我们产生了烦恼。

37.　为什么人类的哭泣是特别的？
38.　关于"哭泣"，下列哪项是正确的？
39.　痛哭一场后人们会有什么感觉？

第 40 到 42 题是根据下面一段话:

我们每个人都渴望有一个良好的环境，渴望有一个对自己更有利的环境。但是，良好的环境并不是美好人生的绝对保障，恶劣的环境并不意味着你的人生道路上充满荆棘。所有的富家子弟不一定都是成功者，所有贫困家庭里出生的孩子也不一定都是失败者。

环境与精神力量是成反比的。如果环境太好，人的精神力量反而会相对地减弱下来，会更安于现状，不再去努力和奋斗。如果环境恶劣，人的精神力量反而会强壮起来，不断地激发出要成功的欲望，从而更加努力地工作。所以，不要被环境所支配，被环境所支配的人，只会品尝人世间的苦果。只有积极利用环境的人，才能营造出一个成功的人生。

40.　关于良好的环境，下列哪项是正确的？
41.　被环境所支配的人会怎样？
42.　这段话主要讲了什么？

第 43 到 46 题是根据下面一段话：

　　人生到底有多少天？不同的人有不同的答案，其实人的一生无一例外地只有三天：昨天、今天、明天。经营好这三天，就经营好了一生。

　　这里所说的昨天就是指过去的时光，昨天不管是长是短，它只能代表过去，不能代表将来。比如昨天贫困潦倒的人将来可能会成为富翁；昨天打工的人将来可能会成为老板。世上没有永远的胜利，也没有永远的失败。

　　今天也就是指现在，现在可以说是比较短暂的，而且正在我们脚下慢慢地缩短。面对今天，我们不要总是怀念过去，只有从零开始，脚踏实地，全身心地经营好今天，才会结出丰硕的果实。今天的事一定要今天完成，绝不能推到明天。

　　明天是指将来，那么将来的日子还有多长，谁也说不清楚明天是辉煌，还是落魄。明天既向我们显示机遇，又向我们发出挑战。明天的路是不平坦的。但有一点可以肯定，那就是美好的明天只接纳奋斗不息的人。

４３． 作者认为人生一共有几天？

４４． 为什么说昨天的长短没有意义？

４５． 面对今天，我们应该怎样做？

４６　什么样的人会有美好的明天？

第 47 到 50 题是根据下面一段话：

　　"探险"就是到从来没有人去过或很少有人去过的艰险地方去考察和探索大自然的活动。探险者的目的可能不尽相同，有的是想寻求刺激，有的是出于对未知领域的好奇，但更多的人是想通过这种方式减轻一下自己的压力。

　　生命在于运动，运动会使人更加健康和年轻，这是大家都明了的道理。尤其是久居都市的"工作虫"和长期从事脑力劳动的白领阶层更需要运动。大家普遍都喜欢一些常规性的体育活动，如打篮球、打乒乓球、跑步、游泳等，而利用假期到山野旅行、远足，同样能够起到健身作用。前者受时间、空间上的限制少，但活动比较单调；而后者对时间、经费均有一定的要求和条件限制，但其收益又是前者无法相比的，特别是年轻人又好奇又喜欢追求刺激，所以比较喜爱探险。

　　此外，随着都市生活的高度现代化，人们更远离了大自然，生活中接触到的东西大多都是人造的，人们生活在混凝土丛林中而不是森林之中，我们身边无处不是工业和生活的垃圾。因而，回归自然近年来在世界上广为流行，到大自然中去，感受自然的磁场、自然的美妙声音、清新的空气、洁净的水、温暖的阳光、轻柔的月色等。我们只有常常到大自然中去，才能活得不像一个机器人，这也是探险的意义所在。

４７． 更多的人选择探险的原因是什么？

４８． 像打篮球这样的常规性体育活动有什么局限？

４９． 为什么年轻人更加喜欢探险？

５０． 现在在世界各地比较流行什么？

HSK 6급 듣기대본 & 정답
3회

第三套模拟试题答案

一、听力

第一部分

1．A	2．A	3．D	4．D	5．B
6．B	7．C	8．D	9．B	10．D
11．C	12．D	13．C	14．B	15．C

第二部分

16．C	17．C	18．D	19．D	20．C
21．A	22．A	23．D	24．B	25．C
26．A	27．B	28．C	29．B	30．B

第三部分

31．D	32．A	33．B	34．C	35．A
36．D	37．C	38．C	39．D	40．D
41．B	42．B	43．A	44．D	45．D
46．A	47．B	48．A	49．A	50．C

二、阅读

第一部分

51．C	52．B	53．D	54．D	55．D
56．B	57．C	58．A	59．B	60．B

第二部分

61．D	62．C	63．B	64．A	65．C
66．A	67．C	68．B	69．D	70．A

第三部分

71．E	72．C	73．B	74．D	75．A
76．A	77．C	78．D	79．B	80．E

第四部分

81．C	82．A	83．D	84．C	85．A

86．A　　87．B　　88．C　　89．B　　90．C

91．D　　92．D　　93．A　　94．C　　95．B

96．D　　97．D　　98．A　　99．B　　100．B

三、书写

101.

　　　　　　　爸爸学电脑

　　毕业后我在北京的一所中学教书，父亲在家里闲着，有一天他打电话托我给他买台电脑，他要学会和我视频聊天儿。此后一到周末，我都打长途电话教他如何使用视频，如何搜索资料，如何存储文件，我觉得我费的劲儿，几乎比教班里最笨的学生还要多，但父亲的电脑水平，却始终停留在开着视频，对着话筒和我呵呵说笑的程度。

　　我的同事有一天无意中笑着说，对待笨的学生，冷落有时候比什么都管用。我突然觉得很是轻松，心想这种办法不仅能刺激老爸好好学习，自己也可以落个轻松。老爸对我这项政策显然有些不适应，他说："姑娘你还是手把手地教老爸吧。"后来见我无动于衷，甚至开始和我冷战。我打电话给母亲，让她转告父亲，像他这么笨的学生，我还是第一次碰到。母亲说道："安安，他只是想多听你说说话罢了，他这么大把年纪了，学会上网又能做什么呢？能和你面对面地聊天儿，对他来说，就已经是精通电脑了啊……"

最笨的那个学生，原来是我啊！我都不知道，父亲上网聊天儿只是想看看千里之外的我。

第三套模拟试题听力材料

第 一 部 分

第1－15题: 请选出与所听内容一致的一项。

1. "小珍，你能说出你爸爸今年多大了吗？"幼儿园的老师问。"爸爸今年五岁了。"
   小珍答道。老师笑了："小珍，再想一想，难道你爸爸和你年龄一样大？"小珍回
   答说："是的，我爸爸亲口对我说过，他是从我出生那天开始当爸爸的。"

2. "纸上谈兵"的意思是指一个人只是凭空想象谈论打仗的事情。常比喻空谈理论，不
   能解决实际问题。在工作中，不仅要具有一定的理论知识，还要有实践经验，只有
   当理论与实践相结合时，我们才能成功地解决问题。

3. 有个女孩在舞会结束后回到了家，母亲问她玩得如何，女孩回答："还好，只是有
   两个男孩因为我动手打架了。"母亲正暗自高兴，女孩又接着说："他们谁也不愿
   意和我跳舞，互相推让，结果就打了起来。"

4. 剪纸是中国古老的传统民间艺术，它又叫刻纸、窗花。之所以叫法不同，是因为用
   的工具不同，刻纸用的是刻刀，而剪纸用的是剪刀，虽然工具有别，但创作出来的
   艺术作品基本相同，人们统称为剪纸。

5. 进入21世纪以后，很多大城市的传统地面交通工具已无法适应客运的需要，因此地
   下交通工具变得越来越重要。现在，地铁成了地下最主要的交通工具，现在许多国
   家的地铁已实现了无人驾驶，目前科学家们正在研究一种新型快速地铁，目的是使
   地铁的速度变得更快。

6. 在紧要关头，不仅要冷静，还要当机立断。人的一生是在选择中度过的，在选择时
   犹豫的话，就会错失良机；而坚决果断的话，就会取得胜利。所以在选择的路口，
   我们要拿出坚定的态度，千万不要犹豫。

7. 人过50岁以后，眼睛会花，视力也会急剧下降，人们一般把这种现象叫做"老花
   眼"。有两种方法可以预防老花眼，一是在清晨起床后，坚持用冷水洗脸、洗眼
   睛；二是平时一有空就眨眼睛。

8． 每年农历七月初七是民间传统的"七夕节"。传说古时天上的神仙织女和地上的农夫牛郎由于触犯了不能相爱的天规，被隔在天河的两岸，从此天各一方，只能在每年七月初七这一天相会。如今七月初七已经成为中国传统的情人节，以此纪念这段美丽动人的爱情故事。

9． 老师说："同学们，火箭为什么能上天？谁能回答这个问题？"过了很久没人回答。刚刚在睡觉的小明醒来后，问旁边的同学发生了什么事情，就站了起来："老师，这个问题太简单了，你想火箭的屁股都着火了，它能不蹦上天吗？"

10． 梦，是最神秘也是最普通的生理现象。过去，人们不了解做梦的原因，常常把梦与一个人命运的吉凶祸福联系起来，使梦充满了传奇色彩。事实上，当人入睡以后，人脑中仍有一部分神经细胞处于兴奋状态，因此人在睡觉时会做梦。

11． 人们往往以物价的变动来预测经济前景。通常来说，物价涨幅过高，会给经济发展带来不良影响，这很快会影响到人们的情绪，进而影响到社会的各个方面。当然，物价并不会一直保持在原来的水平上，不过人们还是希望物价能够稳定下来。

12． 生活中有许多老人认为饮食越清淡越好，所以他们往往只吃蔬菜和水果，一点肉或鸡蛋都不吃，营养学家认为，老年人吃过于清淡的食物会影响身体素质，更容易生病，因此，老年人在饮食上应该注意荤素搭配。

13． 人们在锻炼中要不断补充水分，如果运动时间少于1小时的话，至少要喝两杯水。如果运动时间超过1小时的话，就应该饮用一些运动饮料或其他含有糖份的饮料。但尽量不要喝碳酸饮料，比如可乐、雪碧等。因为碳酸饮料里大部分都含有磷酸，磷酸会影响钙的吸收。

14． 日前一项调查显示，上海在"世界最具吸引力城市排行榜"中排名第二、香港排第三、北京排第五，而排名第一的是伦敦。纽约在金融危机爆发前排名第三，受金融危机影响，这次排名下滑至第十。

15． 他们在一起合作了15年，是一对冰上情侣。在15年期间他们相互鼓励、相互扶持，在刚刚结束的2010年温哥华冬奥会上，夺得了花样滑冰双人滑金牌，终于圆了奥运会金牌梦，他们就是申雪和赵宏博。

第16－30题: 请选出正确答案。

第 16 到 20 题是根据下面一段采访:

男： 大家好! 今天我们请来了著名学者于丹。你好! 有人觉得《论语》里面讲的都是两千多年前的老道理，你认为这些道理对现代人有用吗?

女： 我觉得只要是真理，到任何时候都是有用的。

男： 你在媒体里讲解《论语》的目的是要把你的观点灌输给广大观众吗?

女： 每个人对《论语》都有自己的体会，我只不过是一个传播者，在讲台上和大家分享一下我的一些体会罢了。

男： 你怎么看待老师这个角色?

女： 曾经有一个人对我说："其实每个孩子都是掉到地上的天使，他们来到地上是因为他们的翅膀断了。他们一直想努力回到天空，所以他们想要寻找一个为他缝补翅膀的人。" 我觉得老师就是这样一个人。

男： 孔子说："唯女子与小人难养也"。请问您对这句话是怎么理解的?

女： 我认为这里的小人是指小孩子。也就是说女人和小孩子是一样的，她们有着相同的心性，有时候让男人捉摸不定。

男： 面对全国亿万观众，你能保证你讲的孔子是真实的孔子吗?

女： 我只能说我讲的孔子的言辞是真实的。但是言辞之外，仁者见仁，智者见智，每个人对孔子的理解都不同，其中都会掺杂一些个人的感情色彩，这些理解就是我们自己心中真实的孔子。

男： 那么你心中的孔子是什么样的?

女： 我心中的孔子，更多的是一种理念。

男： 如果孔子当真坐在你面前，你最想问他什么问题?

女： 如果孔子真的坐在这里的话，我想问：超越了两千年的时空，面对当下，你最想跟大家说的一句话是什么?

16． 女的怎样看待老道理在现代中的应用?

17． 女的是怎样给自己定位的?

18． 女的是怎样解释"唯女子与小人难养也"这句话的?

19． 女的最想对孔子说的话是什么?

20． 关于女的，下列哪项是正确的?

第 21 到 25 题是根据下面一段采访：

男：　大家好！欢迎儿童心理学专家申宜真女士。你好！请问孩子的幸福感取决于什么？
女：　孩子的幸福感大多取决于父母。经过一天的工作，父母是否还有充足的时间和精力
　　　与孩子交流、玩耍才是至关重要的。很多家长，尤其是父亲，沉浸在自己的工作
　　　中，就会不知不觉地忽视孩子的需求。
男：　但城市里的妈妈们一般只有3个月的产假，重返工作岗位后，很难见到醒着的孩
　　　子，这该怎么办呢？
女：　妈妈和孩子相处时间的长与否固然重要，但相处的质量更为重要。在有限的时间里
　　　全身心地与孩子交流，制造欢快愉悦的气氛，孩子也会觉得幸福。如果妈妈们在这
　　　方面做得好的话，孩子自然会有反馈：孩子会更听妈妈的话，见到妈妈时会做出各
　　　种可爱的动作逗妈妈开心。
男：　但对于一些年轻母亲来说，照顾孩子和自我追求之间的矛盾令她们大伤脑筋……
女：　是这样的，但如果妈妈们知道自己宝宝头脑中的秘密的话，她们会乐于做出一些牺
　　　牲的。因为，孩子从一岁到三岁这段时间，大脑发育非常迅速，之后就会日渐缓
　　　慢。母亲必须在这3年中与孩子进行情感交流，建立牢不可破的依恋关系。3年后，
　　　母亲们便可以稍微自由一些。因为这之后孩子开始进入独立期，会形成初步的自我
　　　意识。
男：　很多城市家庭会选择让保姆带孩子，孩子的性格会不会受到保姆的影响？
女：　不会。虽然孩子可以同保姆建立依恋关系，但并不意味着孩子的性格会随保姆。等
　　　到3岁以后，孩子已经知道了自己的母亲，即使到了模仿他人的年纪，也会因为对
　　　父母产生了认同，而很难受其他人的影响。
男：　父母都期待自己的孩子将来能更幸福、更出众，有时候这种期待会不会起反作用？
女：　会的。比如让孩子过早的开始竞争，从幼儿园开始学英语，弹钢琴……其实，调节
　　　情绪、控制冲动、培养道德意识和对事物的好奇心才是这个阶段应该学习的内容。
　　　要知道，拥有良好的心态，才能从挫折或失败中重新站起来。

２１．　女的认为孩子的幸福感取决于什么？
２２．　妈妈与孩子相处中最重要的是什么？
２３．　孩子头脑中的秘密是什么？
２４．　孩子的性格会不会受保姆的影响？
２５．　什么样的孩子更容易战胜困境？

第 26 到 30 题是根据下面一段采访：

女： 欢迎香港总督曾荫权，在香港回归十周年的时候，人们很自然地会联想到1997年的7月1日，还记得那一天您是怎样度过的吗？

男： 那天非常忙，天气不太好，还下着雨，心情也比较紧张。香港作为殖民地已经一百多年了，离开母体那么久，回归大家庭的时候，有一点紧张应该是正常的。

女： 宣誓的时候，您的心情怎么样？

男： 很激动，因为回归母体是我们多年的愿望。之前我们做了那么多的准备工作，就是为了迎接那一天的到来。

女： 这十年以来，您遇到了很多的挑战，第一个挑战就是1998年的金融风暴。回想当时的情景，您心里有什么感慨？

男： 那些日子我心里很痛苦。首先我要确定当时的市场是不是已经被破坏了，能不能正常运作，这一点是最重要的。其次我要考虑香港最后的结局会怎样，我们还能做些什么。

女： 有人说香港的公务员队伍当中有很多出类拔萃的人。论个人形象、政治技巧、媒体关系的话，当初您并不是最突出的，但是最终您却登上了香港公务员的顶峰，您认为成功的秘诀在哪里？

男： 我来告诉你一个真实的故事。有个63岁的老人，他住在美国纽约，他说要走着去迈阿密，从纽约到迈阿密要走几千里路，但他终于到达了迈阿密市。我问他："你怎么能有那么大的毅力走到迈阿密呢？"他说："我一天只关注我走的那一步。走一步不需要很大的勇气，走完第一步，走第二步，接着走第三步，就走完了。"回想我这几十年的工作，感觉也是一样的。我只是脚踏实地地走好要走的每一步，不会过多地考虑那些遥远的目标。

26． 香港回归中国，男的心情如何？

27． 面对1998年金融风暴，男的有什么感慨？

28． 金融风暴中，男的认为什么最重要？

29． 男的认为自己成功的秘诀是什么？

30． 关于男的，我们可以知道什么？

<h1 style="text-align:center">第 三 部 分</h1>

第31－50题: 请选出正确答案。

第 31 到 33 题是根据下面一段话:

四个和尚进行"不说话的修炼",其中修养和能力较高的三个和尚闭上眼睛盘腿坐在地上,第四个能力较差的和尚负责为他们点灯。开始后不久,灯里的油越来越少,在灯快要熄灭的时候,负责点灯的和尚忍不住叫道:"灯快要熄灭了,怎么办?"第三个和尚听到后,竟然开口训斥:"你在说什么?你没看见我们在修炼吗?"第二个和尚骂道:"你怎么也开口说话了?"只有最后一个没说话,过了一会儿,他睁开眼看着其他人说:"你们都没成功,只有我没有说话。"殊不知,在不知不觉中他也开了口。

31. 四个和尚在干什么?
32. 第一个和尚因为什么开口说话了?
33. 四个和尚当中谁成功了?

第 34 到 36 题是根据下面一段话:

两个朋友在沙漠中旅行,旅途中他们为了一件小事争吵起来,其中一个还打了另一个人一记耳光。被打的人觉得很屈辱,一个人走到帐篷外,一言不语地在沙子上写下:"今天我的好朋友打了我一巴掌。"

他们继续往前走,一直走到绿洲前,他们停了下来,两人开始饮水和洗澡。在河边,那个被打了一巴掌的人差点被淹死,幸好被朋友救了起来。被救起之后,他拿了一把小刀在石头上刻下了:"今天我的好朋友救了我一命。"

他的朋友好奇地问道:"为什么我打了你后,你要写在沙子上,而现在要刻在石头上呢?"他笑着回答说:"当受到伤害时,要写在容易忘记的地方,风会负责抹去它;相反,如果得到了帮助,我们要把它刻在心灵深处,无论多大的风也吹不走它。"

34. 其中一个人被打后做了什么?
35. 关于那个打人的人,下列哪项是正确的?
36. 这个故事告诉我们什么?

第 37 到 39 题是根据下面一段话：

　　当年，迪斯尼为了实现他心中的梦想，不断地呼吁去建造一个游乐园，可是当时有很多人反对，有的人担心会破坏周围的自然环境，有的人担心资金有问题，有的人甚至怀疑他的头脑有问题，有的人说政府不会批那么一大片地。可是迪斯尼挖空心思、想尽了各种办法，最后终于建成了他梦想中的游乐园——迪斯尼乐园。到现在为止，迪斯尼乐园被复制到世界各地。做任何事情，要养成主动出击的习惯，不要以为被动会有所收获。有一位著名的军事学家讲过，进攻是最好的防卫。一位球王也讲过，他从不相信被动会有所收获。

　　人活在这个世界上，有两种习惯是每个人应该克服的：第一个是懒惰，第二个是害怕。只有主动出击，你才会有所收获，所以在你的头脑当中一定要建立这样一种信念，就是凡事要马上行动，凡事要主动出击。

37．　迪斯尼的梦想是什么？
38．　迪斯尼成功的主要原因是什么？
39．　这段话告诉我们什么？

第 40 到 42 题是根据下面一段话：

　　一种喝水的杯子，在一些国家和地区悄悄地流行起来。它下尖上圆，呈"V"字形，被人称为蛋筒式饮水杯。据说，这种杯子的主要优点是提高效率。用这种杯子喝水，你必须尽快把水喝掉，否则一直都得用手拿着，因为它不像平底杯子，可以喝一口放下再喝。

　　人生也像一杯水，如果过于平稳，就会滋养我们的惰性，我们就会无所事事地在一个地方呆坐半天，或喝茶，或闲聊，或闭目养神，慢悠悠地消磨着生命的时光。

　　蛋筒式饮水杯的外形，让我不由得联想到小时候玩过的陀螺，它也是"V"字形，下端是一个尖尖的锐角，要想让陀螺立起来，就必须用鞭子不停地抽打，让它快速旋转。人生也是如此，只有驱使生命高效运转，才能自立起来。

　　但愿用蛋筒式饮水杯的人越来越多，但愿每一个人都能找到这样一个迫使自己不断进取的锐角。

40．　蛋筒式饮水杯是什么形状的？
41．　人生过于平稳的后果会怎样？
42．　这段话告诉我们什么道理？

第 43 到 46 题是根据下面一段话：

不要以为在别人身上发现了弱点，就等于有了攻击别人的武器。攻击弱点必然会引起别人的愤怒，弱点对于当事人而言犹如身上的伤疤，如果你不能抚慰或减免别人的痛苦，就不要加深其疼痛。不要将对方的弱点作为攻击目标，为了削减对方锐气而攻击其弱点，是卑鄙的行为，这样赢了也不光彩。即便你可能输给对方，也不可攻击其弱点，我们要凭借实力跟对方进行公平的竞争，这样赢了才光彩，输了也心怀坦荡。

常言道"打人莫打脸，骂人莫揭短"，在发生口角或批评别人时不可揭对方的短，要就事论事。只要你不揭他人的短，再大的矛盾也会被化解的。相反，在小小的争执中一旦揭了对方的短，那么两人将会对峙很长一段时间。

43． 弱点对于当事人来说好比什么？

44． 将对方的弱点作为攻击目标，是怎样的行为？

45． 发生口角时，不揭短的结果会怎样？

46 批评人时绝对禁忌什么？

第 47 到 50 题是根据下面一段话：

人是很复杂的，个人经历、学识、教养、品行、谈吐、习惯、思维逻辑都不会完全一样。因此两个人结合以后，长期在一起生活，不免会发生分歧和矛盾。这不是什么丑事，重要的是要学会正确面对，不要计较一时的是非，我们要学会换位思考，学会去理解对方，当一方发脾气时，另一方要学会忍让。宽容忍让是夫妻矛盾的调和剂，这也是夫妻相处的一种艺术。如果双方互不相让，就会针锋相对，久而久之就会伤感情，就会影响婚姻生活。同时从健康的角度来说，经常生气会伤心、伤胃、伤肝、伤脑、伤神。另外，夫妻之间发生矛盾时不要牵扯其他人，如果非要牵扯其他人的话，也以牵扯的人越少越好、知道的人越少越好为重要原则。

但夫妻之间不争不吵也未必是件好事。相互之间，如不能看到对方的优点和缺点，产生不了摩擦与激情，像一潭死水一样，这样生活就不会有乐趣。夫妻之间，对方做得好要赞赏和表扬，做得不好、或出现错误时，要用适当的方法沟通一下，甚至可以小吵一下，但一定要有个度，绝对不要说伤害对方的话，这样偶尔吵一次，可以调节一下生活，引起对方的注意，这样夫妇之间感情会更进一步！

总之，我们要处理好夫妻之间发生的矛盾，要学会互相忍让和互相尊重，适当的争吵会增进夫妻之间的了解和沟通，但不要吵得太凶，也不要吵得太频。

47． 夫妻之间为什么会发生矛盾？

48． 发生矛盾时应该怎么办？

49． 经常生气会怎么样？

50． 对夫妻之间的争吵，作者持什么态度？

HSK 6급 듣기대본 & 정답
4회

第四套模拟试题答案

一、听力

第一部分

1．A	2．C	3．A	4．C	5．B
6．C	7．B	8．D	9．A	10．C
11．C	12．D	13．D	14．C	15．A

第二部分

16．C	17．C	18．C	19．D	20．B
21．B	22．A	23．B	24．C	25．D
26．D	27．D	28．D	29．A	30．A

第三部分

31．A	32．D	33．D	34．D	35．B
36．C	37．A	38．C	39．C	40．D
41．D	42．A	43．D	44．D	45．A
46．B	47．C	48．B	49．B	50．A

二、阅读

第一部分

51．B	52．C	53．C	54．D	55．C
56．D	57．A	58．B	59．A	60．C

第二部分

61．B	62．C	63．A	64．D	65．C
66．B	67．B	68．C	69．A	70．D

第三部分

71．A	72．D	73．B	74．C	75．E
76．B	77．E	78．C	79．D	80．A

第四部分

81．A	82．A	83．D	84．C	85．C

86. C	87. D	88. A	89. B	90. A
91. B	92. C	93. D	94. D	95. D
96. D	97. C	98. C	99. C	100. C

三、书写

101.

　　　　　　　成功之道

　　八十年代，农田承包到户，他把一块水田挖成水塘，想养鱼。但乡里的干部告诉他，水田不能养鱼，他只好把水塘填平。听说养鸡能赚钱，他向亲戚借了三千元钱，养起了鸡。但是一场洪水后，鸡得了鸡瘟，几天内全都死光了。后来他酿过酒，捕过鱼，可都没有赚到钱。

　　三十五岁的时候，他还没有娶到媳妇。但他还想搏一搏，就四处借钱买了一辆手扶拖拉机。不料，上路不到半个月，这辆拖拉机就载着他冲入一条河里，他断了一条腿，成了瘸子。

　　几乎所有的人都说他这辈子完了。但是后来他却成了一家公司的老总，手中有两亿元的资产。许多媒体采访过他，许多报告文学描述过他。但我只记得这样一个情节。

　　记者问他："在苦难的日子里，你凭什么一次又一次毫不退缩？"

　　他指着手里的玻璃杯子，反问记者："如果我松手，这个杯子会怎样？"

　　记者说："摔在地上，会碎的。"他手一松，杯子掉到地上发出清脆的声音，但并没有破碎。他说:"即使有十个人在场，他们都会认为这个杯子必碎无疑。但是，这个杯子不是普通的玻璃杯，而是用玻璃钢制作的。"这样的人，即使只有一口气，他也会努力去拉住成功的手，除非上苍剥夺了他的生命……

第四套模拟试题听力材料

第 一 部 分

第1－15题: 请选出与所听内容一致的一项。

1. 一天，汤姆正坐在一列火车上，车厢里只有他一个人。当列车在一个车站停靠以后，上来一个大汉，用刀威胁汤姆说："要钱还是要命？"汤姆吓得浑身发抖，说道："我身上一分钱也没有。"大汉恶狠狠地问："那你为什么发抖？"汤姆哭丧着脸说："我以为你是检票员。"

2. "三十而立"是源于《论语》的成语，意思是人到了30岁就应该依靠自己的本事，独立解决问题，并确定自己的人生目标与发展方向。这本是孔子对自己的评价，但后人把它作为人生这个阶段所应达到的理想状态。

3. 医生正在测试3名精神病患者。医生问第一个病人："3乘3等于几？"病人答道："274"；医生又问第二个病人："3乘3等于几？"第二个人答道："星期二"；医生问第三个病人，第三个人答道："9"。医生称赞道："很好。你是怎么算出来的？"他答道："这个问题可不那么简单，得用274除以星期二。"

4. 噪音对人的最大危害是影响人的听觉，噪音会使听觉器官受到损害，让你不自觉地大声讲话，看电视节目时会把电视的音量调高，有时甚至听不清别人说的话。长时间在噪声中生活或工作的话，还会造成噪声性耳聋。

5. 在我国经济快速发展的今天，人们的生活节奏也随之加快，人口流动也日趋频繁。流动人口的增多带动了快餐业的迅速发展，一次性塑料餐具的使用也急剧增多。一次性塑料餐具给我们的生活带来方便的同时，也造成了环境污染，我们称之为"白色公害"。

6. 有的人做了十件事情，却没有一件事情是特别成功的，有的人只做了一件事情，却做得特别好。我们要成为后一种人，这样才能受到重用，并有可能取得成功。你会做的事再多，如果没有一件突出的话，你就不会出人头地。

7. 由北京大学组织调查和撰写的《中国报告－民生－2010》已于日前出版发行，根据此书的调查结果显示，上海每个家庭年均收入最高；而从总体生活满意度来看，北京地区满意度最高；而在"教育时间投入"的调查中，北京学生每天用于学习的时间最长，为12.7小时，上海学生其次。

8. 据调查显示，父母经常吵架的孩子32%有心理问题。夫妻之间如果有矛盾需要解决，应考虑孩子的心理感受。如果夫妻非吵不可，也应避开子女，不应在子女面前大吵大闹，这样会给孩子造成心理上的恐慌。

9. 今天我刚进家门，就发现桌子上放着一张一百元的钞票。平时妈妈不怎么给我零花钱，我不禁喜上眉头。当我拿起钞票时，发现底下还压着一张纸条，上面写着：今天我们一起给你奶奶过寿，这一百块钱是给奶奶买蛋糕的，不过你可以买你喜欢吃的蛋糕。

10. 现在大多数国家的商业服务领域都推行"一米线"制度，就是等待服务的顾客和正在接受服务的顾客之间相距一米距离的制度。这样做的目的是为了保护彼此的隐私权，在海关和银行我们经常会看到这种"一米线"。

11. 每年农历的十二月俗称腊月，十二月初八是腊八节，习惯上称作腊八。腊八节在中国有着悠久的传统和历史，在这一天有吃腊八粥的习俗。腊八粥是用八种当年收获的新鲜粮食和瓜果做成的，一般都是甜味粥。

12. 一项研究表明，孤独会削弱人体的免疫系统，使人压力增大，还会导致抑郁症。孤独的人患心脏病的风险是正常人的3倍，所以在生活中要多与人交往和交流、善于倾诉感情、不要沉迷于网络，这样你就不会感到孤独了。此外，还要保持积极的心态。

13. 雪雕，是以雪为材料雕刻塑造出的立体造型艺术，与冰灯、冰雕并称冰雪雕塑艺术，雪雕跟沙雕的原理颇为相近。雪雕、冰灯和冰雕是在严寒国家盛行的户外艺术之一。冰灯与冰雕晶莹剔透，而雪雕是不透明的白色。

14. 温哥华冬奥会，中国团队的辉煌战绩让国人为之自豪。借着温哥华刮来的冰雪旋风，北京也掀起了一股"滑冰热潮"。连日来，一些滑冰俱乐部里，市民的滑冰热情非常高涨，滑冰场上挤满了人，孩子们的滑冰技术虽然不是那么娴熟，但却非常认真。

15. 刘翔是中国运动员的骄傲，2004他在雅典奥运会上以12秒91的成绩夺得了金牌。这枚金牌是中国男选手在奥运会上夺得的第一枚田径金牌。2006年，瑞士洛桑田径超级大奖赛上，刘翔以12秒88的成绩打破了沉睡13年之久的世界纪录。

第 二 部 分

第16－30题: 请选出正确答案。

第 16 到 20 题是根据下面一段采访:

女： 听众朋友们，大家好！今天我们请到了大家熟悉的刘德华。你好！刘德华。到现在
为止你已经拍了100多部电影，发行了60多张专辑。你如何能这样持续不断地工作
这么长时间呢？

男： 我也没想到会拍那么多部电影，而唱歌是我的一个兴趣。其实电影是一年拍一部，
或者两年拍三部，也不是很多，只是以前拍的比较多而已。

女： 拍《投名状》的时候，有没有比较危险的场面？

男： 有一个需要我骑马的镜头，而且速度要非常快。我们拍摄的地方宽只有20米，下面
就是斜坡。马奔跑的速度很快，这么短的距离它是停不下来的。我手里拿着一把很
长的刀，踹了一下马屁股，马就开始跑了起来，但马停不下来，一直往山谷那边
跑，所以一出镜头我就跳马了，否则我可能会和马一起掉进山谷里。

女： 你觉得自己是一个缺乏安全感的人吗？因为我想起很多年前，我访问过英特尔公
司，老板说只有没有安全感的人才能够生存下来。因为他没有安全感，所以他会努
力地、拼命地去做，并会抓住每一个机会。你觉得在你这么多年的演艺生涯中有不
安全的因素吗？

男： 有，真的有道理。香港有一个交响乐团，他们每次表演前只排练20个小时就不排
了。我到现在也不敢那么做，因为我觉得我需要排练到我完全有把握才能停下来。

女： 我觉得这些年你唱的歌曲当中，有好多很像在描述你自己的成长过程。比如《笨小
孩儿》、《十七岁》等等，你对自己走过的路有什么感慨？

男： 《十七岁》是希望跟大家分享我从十七岁踏入演艺圈到现在的事情。《笨小孩儿》
就好像我刚踏入演艺圈时，发现自己就像一个笨小孩儿，不知道这个世界会怎么
样，也不清楚自己的未来，就这样一步一步走到现在。但我坚信一点，那就是只要
你付出，上天是不会亏待你的。

16． 男的怎样看待自己有那么多的电影作品？

17． 男的在拍《投名状》时遇到了什么危险？

18． 男的觉得自己是一个怎样的人？

19． 男的怎样看待自己的演艺生涯？

20． 关于男的，下列哪项是正确的？

第 21 到 25 题是根据下面一段采访：

女： 欢迎华东师范大学社会学教授刘国强，你好！随着中国城市化脚步的加快，越来越
多的外来者涌入城市，活跃于城市的各个领域，他们到底是怎样一个群体呢？

男： 我们对这些外来者进行内部结构分析之后，把他们分为了三类：一是农村外来务工
人员，这类人大多被归于城市的底层；二是城市里的流动人口，比如外地大学生留
在城市里工作，他们可归于城市的中层；第三类为海归。

女： 那么这些新时代的城市外来者有什么样的特点呢？

男： 现在的城市外来者早已不同于原有理解上的"流动人口"了，我们必须重新对他们
做一个界定。他们中的大多数与家乡仅保持着微弱的联系，而把生活和工作重心完
全放在城市，一旦有合适的时机，他们就会在城市里结婚、买房。他们都是潜在的
定居者，而不是临时的流动者。这些长期居住在城市的外来者，存在着强烈的向城
市移民的倾向，实际上已经完全构成了中国城市的新移民群体。但同时，他们又与
城市人存在着非常明显的差异，客观上来说包括两者所享受的福利差异，以及物质
差异等；主观的层面，则是城里人与外来者在价值观和文化观认同上的融合。

女： 这些矛盾的原因又是什么呢？是因为城市人害怕陌生人的涌入吗？

男： 我发现城市人对待外来者的心理状态是复杂而矛盾的。一方面承认外来者在城市建
设中所做的贡献，另一方面又不愿意为他们提供与其劳动付出相对等的社会保障权
利。我们把这种心理状态称为城市人的"集体自私行为"，而正是这些行为加剧了
城市与外来者之间的种种矛盾。

女： 城市人对外来者应该以诚相待，是吗？

男： 对，不管城市人对外来者的心态有多复杂，趋势是他们必须转变观念。因为城市化
步伐与外来者涌进城市进程会继续向前发展，当我们无力改变这个社会的外部条件
时，就应当改变自身。在此前提下，城市人应当进一步肯定外来者的劳动贡献，将
其看作城市新移民，并纳为自己的一种常态心理而正视它。

21． 男的认为哪一类外来者大多被归于城市的底层？
22． 男的认为新时代的城市外来者有什么特点？
23． 男的认为是什么加剧了城市人与外来者的矛盾？
24． 男的觉得城市人对外来者应该持什么态度？
25． 关于男的，可以知道什么？

第 26 到 30 题是根据下面一段采访:

女： 观众朋友们，大家好！让我们热烈欢迎前国际奥委会主席萨马兰奇先生。您好！您
还记得北京申奥成功当晚的情形吗？

男： 是的，我担任奥委会主席有21年，在任期间我经历了很多大大小小的事情，可是让
我久久难以忘怀的事情就是作为国际奥委会主席，宣布中国首都北京获得2008年奥
运会的主办权。

女： 您以前曾说过北京申奥成功是您的一个梦想，为什么您以此作为您的一个梦想呢？

男： 在担任国际奥委会主席期间，我和中国的关系一直非常亲近，我对中国非常有信
心。在看了中国为奥运会所做的准备之后，我就确信中国会把北京奥运会办成有史
以来最好的一届。

女： 请问，您的信心源于何处？

男： 中国在过去的20年里发生了巨大的变化，现在中国在世界上无论是在政治、经济还
是技术上都占有举足轻重的地位，另外，在体育方面也取得了优异的成绩。中国将
通过奥运会向世界展示自己以及中国未来的发展方向。

女： 1993年北京申奥失败，在2000年北京又以两票之差败给了悉尼。对于中国人民来
说，那是一个非常令人心碎的夜晚。

男： 坦率地讲，我觉得你们2000年申奥失利是件好事。

女： 为什么呢？

男： 因为在过去八年的时间里，中国有了很大的发展，这为你们举办一个非凡的奥运会
打下了坚实的基础。

女： 我们知道您最喜欢的乒乓球运动员是邓亚萍，您对邓亚萍怎么看？

男： 她获得过两枚金牌，一枚是在巴塞罗那奥运会上，另一枚是在亚特兰大奥运会上，
后一枚赢得非常艰难，我很荣幸地给她颁发了这两枚金牌。她非常聪明，我曾经告
诉她必须要学好英语，后来她真的去了英国，几年后她的英语就说得非常流利了。
我任命她为国际奥委会运动员委员会委员，她现在干得非常好。

26． 为什么男的的梦想是北京申奥成功？

27． 男的对中国的信心源自哪里？

28． 为什么男的认为中国2000年申奥失败是件好事？

29． 男的对邓亚萍的希望是什么？

30． 关于男的，可以知道什么？

第31－50题: 请选出正确答案。

第 31 到 33 题是根据下面一段话:

一次，一个路人随手丢给乞丐一块儿糖。乞丐从来没有吃过糖，也不知道糖是什么东西。他小心地剥开糖纸，把糖放在嘴里舔了一舔，一种甜甜蜜蜜的感觉顿时传遍了全身，他没有想到世界上还会有这么好吃的东西。他十分珍惜那块糖，含在嘴里吃了很长时间，那种幸福甜蜜的感觉，使他产生了一种欲望，那就是每天都能吃上糖。后来，乞丐经过一番努力，终于梦想成真，成了当地的富翁，虽然每天有吃不完的糖，但是在他的记忆里，第一次吃到的糖才是最甜的。

为什么会这样呢？是糖的味道变了，还是人的口味变了？我们也有过这样的体会。小时候，第一次吃过的东西，长大以后再吃的话，总是觉得不如第一次吃时那么好吃。这主要是因为小时候我们的生活比较艰苦，难得吃上一次好吃的东西，所以人们懂得珍惜和感受幸福，而长大以后，生活富裕了，觉得一切都是理所当然的，不懂得珍惜和感受。

31． 乞丐吃完糖是什么感觉？
32． 乞丐为什么怀念第一次吃的糖？
33． 这段话主要告诉我们什么？

第 34 到 36 题是根据下面一段话:

一位年轻的女护士刚刚毕业，到一所医院实习。第一天，她给一位赫赫有名的外科专家当助手。手术从清晨持续到黄昏，就在手术即将结束、准备缝合刀口时，女护士突然急切地对外科专家说："大夫，我们用了12块纱布，您只取出了11块。"专家不耐烦地说："我已经取出来了，开始缝合。"女护士大声喊道："不，不行！您看，明明是11块，还少1块。如果不取出剩下的1块纱布的话，病人会有生命危险的。"这时，外科专家冷漠的脸上突然浮起了欣慰的笑容，他举起左手握着的第12块纱布，对她说："你是我合格的助手！"

34． 女护士为什么阻止缝合刀口？
35． 关于女护士，下列哪项是正确的？
36． 外科专家这样做的目的是什么？

第 37 到 39 题是根据下面一段话：

　　微笑对人们的身心健康是十分有益的，它是人类良好心境和美好情感的外在表现。心理学家指出，有90%的疾病是心理上的，是可以通过"开心"治愈的。民间有很多谚语："笑一笑，十年少，愁一愁，白了头"，"笑口常开，青春常在"等等。可见，情绪乐观，笑口常开，是健康长寿不可缺少的条件。现在科学研究表明，笑对人的健康确实有益。

　　有的科学家认为，笑并不是只有人类才有的，其他灵长类动物如黑猩猩在玩耍时也会笑，甚至有人认为老鼠也会笑，他们认为这是一种本能。但动物为什么会笑，什么东西可以逗它们笑，是不是也像人一样遇上了愉快的事，我们不得而知。不管怎样，对我们来说，笑是一件愉快的事情，最重要的是还有益于健康，所以希望大家笑口常开。

37．　大部分的心理疾病可以通过什么治愈？

38．　关于"笑"，下列哪项是正确的？

39．　这段话主要谈的是什么？

第 40 到 42 题是根据下面一段话：

　　在这个世界上，有很多人非常想改变自己的现状，想做出一番事业。但是他们往往只有想法，而没有行动，他们总是瞻前顾后，前怕狼后怕虎，犹豫不决，以至于很多很好的计划和想法都成了泡影，到头来一事无成，平平庸庸。为什么会这样呢？因为这样的人往往缺少判断力、决策力和行动力。

　　在现实生活中，还有很多人在决定做某件事之前，总是把主要精力和大部分时间都用在准备上，而迟迟不见行动，这样做不仅会浪费时间，而且还会失去很多好的机会。另外，我们还发现在决定做某件事的时候，最大的障碍是缺乏勇气，他们缺少一种主动进取精神。

　　毫无疑问，要想成功，做一些适当的准备工作是有必要的，但如果把大部分的时间和主要精力都放在准备工作上，不是明智之举。只有积极地去行动，才有可能成功，要知道有行动才会有结果，没有行动就没有结果，当然也不会成功。

40．　作者认为做一件事情最大的阻碍是什么？

41．　作者认为怎样才能成功？

42．　这段话主要讲了什么？

第 43 到 46 题是根据下面一段话：

俗话说："金无足赤，人无完人"。每个人都有这样或那样的缺点和毛病。如果有人对我说："我看见一个十全十美的人了"，那我会毫不犹豫地告诉他："你看到的一定是雕塑或是别的什么东西。"

世界上没有永远不犯错误的人，除非他什么事都不做。我们不怕做错事，怕的是犯了错而不承认。有些人犯了错，却没有勇气去承认，因此总是编一些谎言，试图给错误披上美丽的外衣，但最终发现那不过是皇帝的新装罢了，结果在上司、同事、父母和朋友面前羞愧得无地自容。

其实有三个字可以化解很多不快和争吵，那就是"我错了"。当有人指责你做得不对时，你不说"不是我的错，是他的错，是电脑的错"，而说"我错了"的话，我相信那个指责你的人，会把本来要说的话咽回去，你换来的是如泉水叮咚般动听的声音"知道错了就好，下次注意点啊！"

43．作者怎样形容一个十全十美的人？

44．作者认为什么样的人永远不犯错？

45．哪三个字可以让所有的人都原谅你？

46　这段话告诉我们什么？

第 47 到 50 题是根据下面一段话：

自驾游是指自己驾驶汽车出游。自驾游符合年轻一代的心理，他们不愿意受约束，追求人格的独立和心性的自由，而自驾游正好满足了这种需求。自驾游有别于传统跟团旅游，是一种新兴的旅游形态。自驾游在制定旅游路线、参与日程安排和体验自由等方面给旅游者提供了更多的空间，与传统的跟团旅游相比更具魅力。自驾游虽然带点儿"野性"色彩，但仅仅因为这个原因就把它归类为是男人的事，那可就大错特错了。事实上，自驾游不分男女，在某种程度上，对于自驾游，女人的兴致更高。

一家子自驾出游的最佳方法是，两个大人轮流驾驶，换下来的人陪小孩儿玩耍，这样每个人都能保持充沛的精力，一抵达目的地就可以尽情地游玩。

另外，不一定非得等到放长假时才可以自驾游，因为放长假时，景点人多，路上车也多，出行反而更不方便。实际上，只要周末有时间的话，随时都可以自驾出游。根据时间的长短，制订不同的出游计划。自驾游的魅力，也许只有亲身体验过才会知道。

47．什么是自驾游？

48．自驾游的一大特点是什么？

49．一家子自驾游的最佳方法是什么？

50．作者认为什么时候出游比较好？

부　　록

답안지를 익혀라!

知彼知己，百战不殆

적을 알고 나를 알면 백 번
싸워도 위태롭지 않다.

HSK（六级）答题卡

新 汉 语 水 平 考 试
HSK（六级）答题卡

姓名	

国籍
[0] [1] [2] [3] [4] [5] [6] [7] [8] [9]
[0] [1] [2] [3] [4] [5] [6] [7] [8] [9]
[0] [1] [2] [3] [4] [5] [6] [7] [8] [9]

性别　　男 [1]　　　女 [2]

序号
[0] [1] [2] [3] [4] [5] [6] [7] [8] [9]
[0] [1] [2] [3] [4] [5] [6] [7] [8] [9]
[0] [1] [2] [3] [4] [5] [6] [7] [8] [9]
[0] [1] [2] [3] [4] [5] [6] [7] [8] [9]
[0] [1] [2] [3] [4] [5] [6] [7] [8] [9]

考点
[0] [1] [2] [3] [4] [5] [6] [7] [8] [9]
[0] [1] [2] [3] [4] [5] [6] [7] [8] [9]
[0] [1] [2] [3] [4] [5] [6] [7] [8] [9]

年龄
[0] [1] [2] [3] [4] [5] [6] [7] [8] [9]
[0] [1] [2] [3] [4] [5] [6] [7] [8] [9]

你是华裔吗？

是 [1]　　　　不是 [2]

学习汉语的时间：

2年以下 [1]　　2年-3年 [2]　　3年-4年 [3]　　4年-5年 [4]　　5年以上 [5]

注意　　请用2B铅笔这样写：▬

一、听力

1. [A] [B] [C] [D]　　6. [A] [B] [C] [D]　　11. [A] [B] [C] [D]　　16. [A] [B] [C] [D]　　21. [A] [B] [C] [D]
2. [A] [B] [C] [D]　　7. [A] [B] [C] [D]　　12. [A] [B] [C] [D]　　17. [A] [B] [C] [D]　　22. [A] [B] [C] [D]
3. [A] [B] [C] [D]　　8. [A] [B] [C] [D]　　13. [A] [B] [C] [D]　　18. [A] [B] [C] [D]　　23. [A] [B] [C] [D]
4. [A] [B] [C] [D]　　9. [A] [B] [C] [D]　　14. [A] [B] [C] [D]　　19. [A] [B] [C] [D]　　24. [A] [B] [C] [D]
5. [A] [B] [C] [D]　　10. [A] [B] [C] [D]　　15. [A] [B] [C] [D]　　20. [A] [B] [C] [D]　　25. [A] [B] [C] [D]

26. [A] [B] [C] [D]　　31. [A] [B] [C] [D]　　36. [A] [B] [C] [D]　　41. [A] [B] [C] [D]　　46. [A] [B] [C] [D]
27. [A] [B] [C] [D]　　32. [A] [B] [C] [D]　　37. [A] [B] [C] [D]　　42. [A] [B] [C] [D]　　47. [A] [B] [C] [D]
28. [A] [B] [C] [D]　　33. [A] [B] [C] [D]　　38. [A] [B] [C] [D]　　43. [A] [B] [C] [D]　　48. [A] [B] [C] [D]
29. [A] [B] [C] [D]　　34. [A] [B] [C] [D]　　39. [A] [B] [C] [D]　　44. [A] [B] [C] [D]　　49. [A] [B] [C] [D]
30. [A] [B] [C] [D]　　35. [A] [B] [C] [D]　　40. [A] [B] [C] [D]　　45. [A] [B] [C] [D]　　50. [A] [B] [C] [D]

二、阅读

51. [A] [B] [C] [D]　　56. [A] [B] [C] [D]　　61. [A] [B] [C] [D]　　66. [A] [B] [C] [D]　　71. [A] [B] [C] [D] [E]
52. [A] [B] [C] [D]　　57. [A] [B] [C] [D]　　62. [A] [B] [C] [D]　　67. [A] [B] [C] [D]　　72. [A] [B] [C] [D] [E]
53. [A] [B] [C] [D]　　58. [A] [B] [C] [D]　　63. [A] [B] [C] [D]　　68. [A] [B] [C] [D]　　73. [A] [B] [C] [D] [E]
54. [A] [B] [C] [D]　　59. [A] [B] [C] [D]　　64. [A] [B] [C] [D]　　69. [A] [B] [C] [D]　　74. [A] [B] [C] [D] [E]
55. [A] [B] [C] [D]　　60. [A] [B] [C] [D]　　65. [A] [B] [C] [D]　　70. [A] [B] [C] [D]　　75. [A] [B] [C] [D] [E]

76. [A] [B] [C] [D] [E]　　81. [A] [B] [C] [D]　　86. [A] [B] [C] [D]　　91. [A] [B] [C] [D]　　96. [A] [B] [C] [D]
77. [A] [B] [C] [D] [E]　　82. [A] [B] [C] [D]　　87. [A] [B] [C] [D]　　92. [A] [B] [C] [D]　　97. [A] [B] [C] [D]
78. [A] [B] [C] [D] [E]　　83. [A] [B] [C] [D]　　88. [A] [B] [C] [D]　　93. [A] [B] [C] [D]　　98. [A] [B] [C] [D]
79. [A] [B] [C] [D] [E]　　84. [A] [B] [C] [D]　　89. [A] [B] [C] [D]　　94. [A] [B] [C] [D]　　99. [A] [B] [C] [D]
80. [A] [B] [C] [D] [E]　　85. [A] [B] [C] [D]　　90. [A] [B] [C] [D]　　95. [A] [B] [C] [D]　　100. [A] [B] [C] [D]

三、书写

101.